犀の角のようにただ独り歩め

――「スッタニパータ」

教室を
生きのびる
政治学

岡田憲治
OKADA KENJI

晶文社

扉の教室
Liberal Arts Lab

Illustration: millitsuka
Book Design: albireo

はじめに

突然だが、こういうモヤモヤする経験はないだろうか？

とある学校行事に向けたクラスでのホームルーム。場を仕切っているのは声が大きいタイプのいつものメンバーで、あまり発言しない人たちはまるでその場にいないかのように話が進んでいく。話があっちこっちにとっ散らかってかみ合わず、議長役のクラス委員も、みんなも重苦しくなっている。感情もふくめてどんどん迷走していくさまは、もはや議論とは言いづらい。打開するために多数決をとってみたら、賛成五一％・反対四九％となり、結果、クラスの半分ほどの考えや気持ちは無かったものとして何となく賛成案が通ってしまう。

あるいは、こんな気持ちになったことはないだろうか？

「差別はいけない」「平等が大事」……学校でもＳＮＳでもさかんに言われているし、それはよくわかっているつもりだ。でも、特別に同情されたり配慮されたりしている隣人をみると、心が妙にザワザワしてくる。こっちだってけっこうキツい状況なのに、と。自分はワリをくっているのではないか。学校も教室も、なんなら社会だってぜんぜん平等じゃないと言いたくなってしまう。

…………

この本は、おもに中学生・高校生といわれる人たちに向けて、政治や民主主義の思いがけない知恵を伝え、それぞれの暮らしに使ってもらうために書いたものである。「はぁ、またか」と思った君。ちょっと待ってほしい。実はこれは、**まだ誰もトライしたことのない本**なのである。

中高生といっても、小四ぐらいから塾に行って中高一貫私立に入学した諸君もいれば、地元の公立中学、公立高校にいる人もいる。行きたくてその学校にたどり着いた人もいれば、モヤモヤしながら居るだけの人、早くこの場をやり過ごしたいと思っている生徒もいる。周りから浮かないように弾《はじ》かれないように、声を殺すように生きている人もいるだろう。家で通信教育を受けている人もいる。「中高生」という呼び名はたんなる記号だ。つまり、中高生といっても本当にいろいろだ。学校生活を楽しく謳歌《おうか》している人もいる一方で、自分の生活を生き地獄のように思って暮らしている人もいるかもしれない。

そんなふうに不安や疑念、イラ立ちを抱えながら生きている人たちにとって、必要なのは「国民主権」だとか「責任ある市民」だとか、そんなたいそうなお題目ではない。大事なのは、自分の身の安全や安心、つまり**半径五メートルにおける安全保障**の問題だろう。

安全保障、といっても軍備や国家間の紛争の話をしようというわけではない。半径五メートル、それは僕たちの**日常の生活空間の話だ。日常の生活空間（とくに教室内）で頭を抱えながらうずくまるのではなく、少しでも心穏やかに、安心して過ごすために、なにより政治学が役に立つ、**ということを伝えたいのだ。

僕は、東京にある私立大学の教授で、君たちよりも少し年上の人たちにその政治学という学問を教えている。そこそこの年なのに、中学生と小学生の子供がいる。

この本では、政治学の視点から、学校の教室で起こるアレコレについて考えていく。それはなぜか？　卒業して進学したり就職したりするまで、**なんとか教室を生きのびて、学校生活をサバイブしてほしい**からだ。

政治学の案内本はこれまで、国家とか議会とかとても大きくて抽象的なテーマを扱ってきた。そして、スバラシイ民主主義を支えるために、国民はみんな「立派な市民」になって支えなさいと、ときにやさしく、ときに厳しく説いてまわった。

しかし、僕のやり方は少し違うのだ。

アメリカの大統領公邸でも、中国の北京政府でも、永田町（国会）や霞ヶ関（官僚街）でも、商店街の会合でも、教職員会議でも、そして君たちの教室の中でさえ、人間の行動には**同じ力学＝「政治」**が働いている。現場では、君たちの意図とは無関係に、カラクリとしてうごめく政治がある。それをなんとかコントロールする技法について、僕の研究している政治学は、なにがしかの知恵と言葉を用意している。いろんな人が多数集まる安定しない場所を生きていくのに、じつは政治学はとても役に立つ。だからその知恵と言葉を、君たちが学校生活を生きのびるために使ってほしいのだ。「立派な市民になりましょう」なんてけっして言わない。「最悪な状況を避けよう」くらいの出発点から進んでいきたい。

ふだん大学生相手に政治学を教えているが、それをさらに中高生の暮らしに沿うかたちでわかりやすく、しかしぜったいに水準を落とさないことを心に決めてこの本を書いた。水準を落とさないかわりに、たまに正々堂々と年上目線が現れることもある。そのときは少しだけガマンして読み進めてほしい。

序章では、本書の前提となること、つまり僕たちはなぜ社会などというよくわからないカタマリに属しているのか、その入り口について考える。自分を責めることをやめ、肩の力を抜いて、まずはそこを押さえよう。それを踏まえて第一章では、なぜかわからないけど人の言うことを聞かせられている場面をあげて、学校のなかで君たちがもうとっくに政治に巻き込まれていることについて見ていこう。第二章では、クラス・ミーティングをとりあげ、民主主義の土台にもなっている「話し合い」について考える。意見を積極的に言うことが良いという正論はあるが、大人でも若者でも「言えない」人たちはじつはとても多い。黙っていても考えている人たちだ。この章では、その人たちにもしっかり光を当てる。つぎに、仲間ときくと「心を通わせる」友人関係をイメージされるが、無理なことは言わない。真心と切り離したところで協力しあえる関係について第三章で話す。第四章は、平等について。さまざまな人の心のスイッチを押してしまうこの問題を、入学試験などの問題から考えてみる。第五章ではざっくりとこんなことを書いている。自己責任なんか無視しろ、何度でもやり直していい、学校なんか命をかけて行くところじゃない。

この本は、中高生を念頭において書いた本であるが、保護者の方がたや学校の先生がた、つまり、とにかく必死に彼・彼女らの命の心配をしつづけてここまできた人たちにも読んでほしい。もちろん中高生を見守る生活はまったくもって忙しいので、お手隙の時にお願いします。

学校に集う人たちだけでなく、商店街でクレープを売っていたり、消防署でレスキュー訓練をしていたり、あるいは居酒屋で「張り切って準備中！」の人たち、つまり、**他者ととも**

に社会のなかで生きる人たちにとっても意義のあるものになるように書いている。

どなたにとっても、読み終わるころに、政治が、社会が、少しでもくっきり見えてくるようになっていれば本望である。

それでは、さっそく始めていこう。

最初は、あの「友だちは多いほど良い」という考えは間違いだ、という話だ。

社会というものは、友人関係だけでつながって出来上がっているわけではないのだ。

――どういうこと？

目次

はじめに 5

序章 大前提——力を抜いて自分を守る——善・悪・社会

教室のなかの安全保障

日々の悩みや不満から始める 20／「今日からあなたは主権者です」 22

だれも立派な人にはなれません

自分の足元から考える 25／天気予報も出口調査もハズれる 27

頭と身体を動かすために 28／立派な人になるより切実なこと 30

友だちが一〇〇人も必要なワケがない

ゆるくつながること 31 ／顔も知らない隣人たちの集まる「社会《ソサエティ》」 34

僕たちは一人残らず弱くて小さい 36

世界史に一度しか登場しない僕たち

一人の人間がいることの奇跡 40 ／違う人間同士がもつ同じもの 42

第1章 言うことを聞く／聞かせるということ

――権力・合意・自治

政治とは「選ぶ」こと

「人の言うことを聞く」とはどういうこと？ 48 ／選んで、決めて、受け入れさせる 50

僕たちの心の習慣――理由を放置したまま従う

「一同、礼！」というナゾの儀式 52 ／なぜ先輩の言うことを聞くのか 55

トンデモ校則は守るべき？
なぜ女子だけ靴下の色が指定されるのか？ 58
とっくに政治に巻き込まれていた 61
「デートは親に知らせろ」という校則をどうする？ 65 ／そんな法律ありません 67
大人はわかってくれない？ 69 ／合意がなければ約束も消える：社会契約論 72
「みんなで決めた」というフィクション
「みんなで決める」にともなう面倒 74 ／「人のせいにできない」という気持ち 80
コスパで決めて何が悪い 84

第2章 どうして「話し合い」などするのか
――議論・中立・多数決

話し合いは失敗する
話し「合って」ないじゃん 90 ／正しい結論は目的ではない!? 94

いっしょに歩いた道と分かれた場所 96／議論をレベルアップする 98

偏りを確認するために

幸福という基準――人間はみんな偏っている 103／どれが最も納得できるか 107

「論破」に含まれているもの

勝ち負けとは別次元のもの 110／言い負かして何を得る？ 114

多数決＝民主主義？――とりあえずの風速計

多数決と民主主義は関係がない 117／空気ではなく言葉を読む 123

黙っているが考えている

ケース1 自分の経験の範囲を超える 127／ケース2 言い方がわからない 130
ケース3 言えないんじゃなくて「言わない」 133

言い出せない人のための政治

ひたすら聞き倒す 137／ひたすら記録する 140／ひたすら励まして孤立させない 144

第3章

仲間をつくるということ

——対立・支持・連帯

友だちより「仲間」を

必要なのは親友ではない 150／友人関係を切り分ける 154
心など通じ合わなくても協力はできる 158／僕たちをうつむかせる「心の教育」 160

対立を恐れず、やみくもに戦わず

意見が「合わない」もいろいろ 163／人はみんな肯定されたい 167
損得勘定《そんとくかんじょう》はけっこう使える 169／「工夫」というもう一つの政治 172

上も下もない対等な僕たち——協力関係の組み立て

アメフット——民主主義の国が生んだシステム 178
リーダーになれという呪縛 182／「選択肢」を言葉で示す者 186
オペレーターとは誰か 191／フォロワーがもつ力 194

第4章 平等をめぐるモヤモヤ——公平・公正・分配

心がザワつく厄介な「平等」

どうして「平等」が気になるのか？ 202／「あの人だけ苦しまずに済んでいる」 206
ズルい？ ズルくない？ 209

平等を切り分けてみる

スタートラインでの平等——扱いの平等 213／初めからある不平等 215
入試における人種枠、男女別定員 218

平等でないと困る理由

カタマリが壊れる——敵意で分断される 222
自尊心を失わせる——ポテンシャルを眠らせる 227
グレートな人を発見できなくなる 229
「差別やイジメはいけません」では足りない 232／偏見から自由になれるか 236

第5章 政治は君たちの役に立つ——責任・民主主義・政治

自己責任論なんて無視してよいのだ
君たちの力を削っていく言葉 244／「悪運も自分で始末しろ」ってか？ 249
ほんとうの自立の意味 254

やり直しが前提のシステム——民主主義
迷う者たちにピッタリのやり方 259／最悪の事態を避けるために 264

学校でも家でもない場所へ
学校など命をかけて行くところではない 268
家は「学校的なもの」になりつつある 271
サード・プレイス——学校でも家でもないところ 275
セカンド・チャンスをくれない僕らの国 278
政治ができること——生きのびるために 281／君たちは政治をしている 283

おわりに

大人はなかなか変わりにくい 286／こんな世の中にしてしまった 289
政治学は教室を放置してきた 291／僕たちもかつては君たちだった 293

謝辞

298

序章

大前提

——力を抜いて自分を守る——善・悪・社会

教室のなかの安全保障

日々の悩みや不満から始める

いきなりでっかい、あまりなじみのない言葉を君たちに投げても本を閉じられてしまうから、丁寧に始めようと思う。

おおよそ中高生向きの「ためになる」本に描かれている教室は、あまりに「フラット」で平面的な世界だ。「個性あふれる四〇人」なんて書かれているが、しょせんひとまとめにされている。もうそれだけで君たちの毎日とはちがう風景になってしまう。

「フラット」が前提にされてしまう教室は、実はもっといろいろな意味で凸凹《でこぼこ》しているものだ。四〇人もいれば、いろんな人がいて、強く弱く、濃く淡く、重く軽く、きれいで汚く、正直で嘘つきな、勝ちや負けが交差し合う、本当は何を考えているのかも不透明な、それでいて楽しくうっとうしい人間がひしめき合っている。それが君たちのいる教室、学級というところだ。

だからそこでは、ものすごい数の悲しみや悩みだってあるはずなのだ。でも、そこを昔卒業した人たちは忘れがちだ。だから、そういう人間のいろいろな表情を前提に起こっているリアルなできごとをわきに置いて、いきなり大きくてよそよそしい言葉を持ってきてしまう。それで「さぁ、ここに赤線を引きましょう！」とやるから、「教室世界から見えることをもちいて、君たちの悩みになんとか応える」ことが難しくなる。

たとえば、いきなり「政治」とか「主権者」なんて言われても、君たちが「おはようございます」と校門をくぐってから始まるテーマは、実際のところ「今日も波風を立てずになんとか一日やり過ごす」という、教室のなかの人間関係、自分の身の安全保障についてなのだ。いや、もう、とにかく、それだけでいっぱいいっぱいですから、と。

もしそういう悩みに応えようとするならば、「すぐに役に立つ裏テク集」なんかを書いてもいいのだが、それだけだと応用も効かないし、いろいろな場面で活きてくるぶっとい準備にならない。そこで何千年もの間、君たちのように日々を懸命に生きてきた先人たちの思いのこもった政治学の言葉が役に立つのだ。そしてそのことを考えることが、心身ともにごっつい筋肉をつけることになる。

つまり、「オレ・ワタシの毎日の暮らしの悩み」→「それに応えるための心身の筋トレのための準備」→「同じ悩みを抱えてきた人たちの経験の産物」→「政治の言葉」という順番だ。これまでの入門書は、この流れを逆にやったのだ。僕の本はちがう。

まずは、ちょっとだけ硬い言葉を前出ししておこう。

いくらなんでも完全放置というわけにはいかないからだ。

それがあの「主権者」というよくわからない言葉だ。

「今日からあなたは主権者です」

校門をくぐって教室に入ってから（もしかしたら登校途中からもう始まっているかもしれない）、君たちはもういろいろな配慮や工夫をして一日を始めている。

「おはよ！」って輝かんばかりの笑顔で言ってくる隣人に、ちゃんと応えて「おはよ！」と返す。「おお！」って眠そうな顔して教室に入ってくるやつに「おおっ」って会釈して、そんなにしたくもない雑談をして、担任が入ってくるまでの時間を過ごす。

自分に圧をかけてくるやつは、今日は病欠か？　ちょっとホッとする。修学旅行の班決めの昨日のやりとりをちょっと引きずってるから、今日の給食の時のふるまいに迷う。すねてるように見えてはいけないが、かといって場違いなテンション出して浮くのもよろしくない。「プロ野球スピリッツ」の話を適当にしておいて、あのうっとうしいサッカー部系とそのお仲間女子グループとは、今日も疎遠にしておこう。

いろいろ面倒くさいが、少々工夫をして暮らさないと自分の安全が確保できない。

そして、そういう工夫は、自分でやらないといけない。人任せにしていると、変な噂《うわさ》がバズったり、処理に困るいじられ方に発展して、それを元通りにさせるのも面倒なのだ。ここはギリで気合いだ。教室はそういう空間だ。学校に来ている以上、クラスの箱の中という設定全体は自分では変えられない。

僕の中高生の時代は、「学校に行かないなら、今すぐ家を出て行って、一人で生きろ」と、生死にかかわる圧力を親から受けたから、考える余裕もなく「とにかく歯を食いしばるんだ」と自分に言い聞かせたが、学校に行かない生活を独自にしている友だちもちらほらいる令和の君たちは、逆にツラいかもしれない。朝起きて制服のそでに腕を通す瞬間の憂うつな気持ちは、時空を超えて同じだ。でも君たちの多くは、なんとかかんとかやっている。

ぜんぶ対応するのもウザいけど、**人任せにしないで状況判断しながら生きている人**のことをとりあえず「主権者」と呼んでおこう。

だから君たちは、まあ、主権者だ。この本では、まずはここからスタートだ。

しかし、教えの現場はそんなふうにはスタートしていない。教科書では、国の統治の主人公のことを「主権者」と呼んで、日本では国民が国のあり方を決められる「国民主権」なのだと書かれてあるだろう。

二〇一六年に法律が変わって、一八歳の高校三年生が選挙で投票できる「主権者」となった。これに対応するために、教員も主権者について教えなければならなくなった。まもなく現役の高校教員や教育関係者から、直接間接、焦りまくった相談が僕のところにやってきた。「先生（僕のこと）。主権者教育ってどうすれば良いのですか？」

やっぱりか。教える先生たちだって、主権者についてわかった気になっているが、先生たちの知識は主権者という抽象的な人間モデルに過ぎず、それが自分も含めた生活人にどう重なりあうのか実感は薄い。学校の職員室の会議でも、何でも自由にものが言えることにはなっていない。だから生活のどこで主権者が自分とつながるのかピンとこないのだ。

文科省が作った副読本のページをめくると、選挙のときの投票所の見取り図や投票箱の写真などは載っているが、そんな図を見ても、「投票箱って銀色なんだ」くらいのリアクションしか起こらない。いろいろな意味で現場の教員たちは気の毒だ。彼・彼女らも君たちと同じ立場だ。苦しいだろうと思う。

ある日突然、「はいっ！　今日から主権者です。大人として、市民として、自覚を持ってください！」ということになっても、みんな途方に暮れてしまうのだ。だから、学びは、とりあえずこれから始まると考えればいい。

だれも立派な人にはなれません

自分の足元から考える

まずは大事な断り書きをしておかねばならない。その役割を担うこの章は、結構重要なのだ。最初に、ドドーンとそれらをぶちかましておこう。何よりも一番大事なのは、次のことだ。これは**この本の背骨になる**ことだ。

「立派な人間になる」という目標は必要ないから、そんなもん捨てること。

ここは太字で印刷されているが、なおその上に蛍光ペンを引いてほしい。

同じ年のニッポンの若者は、
同じ教室に集められて、
同じことを、
同じメンバーといっしょに、
同じスピードで、
同じ答えを早く提出しなさいと言われる。

ニッポンの学校では、江戸時代が終わったときから数えると一五〇年以上もずっと、「お手本」を渡されて、「この通りやれ」と言われて、本当は一人ひとり違ういろいろな人間全員に、「立派な人間になりなさい」と説教がなされてきている（明治時代の初めに出された「教育勅語」あたりから始まった）。

「立派な」というところは「ちゃんとした」とか「ニッポン人らしい」とか、「素直で静かに人の話を聞ける」みたいな言葉に入れかえても同じだ。

そして、そういう立派なお手本は、そのままではあまり役に立たない。お手本というのは、具体的に助けとなるものじゃないと気持ちが入らない。買った掃除機のマニュアルに「清潔の概念とは？」とあっても、だれも読まない。

「立派な人間になるな」と言っているのではない。そういう人が一人でも街に増えれば、みんなを少しでも幸せにできることもあるから、それはありがたい。でも、立派な人間という「ありがたいお手本」とされているものをいくら基準にしても、人は永遠に立派な人になんかなれないから、それは一度わきにおいて、「今ここにいるオレ・ワタシ」から始めようよと言っているのだ。

天気予報も出口調査もハズれる

人間が立派な者になどなれない理由はいくつもある。

第一に、人間は一人残らず「間違える」生き物だからだ。神様は人間がそういう生き物であることをソフトウェアに組み込んでしまっている（キリスト教では「原罪」という）。人間にとってこの世界は、常に「**不完全情報のもとで生きねばならない**」場所なのだ（これはこの後、何度も出てくるぞ）。

天気予報は必ずちょっと外れるし、選挙後の新聞社の調査にはみんなウソを言うから、選挙の結果は予想とずれる。新商品がどれだけ売れるかは売ってみないとわからない。

人間関係もそうだ。「マジで、おまえの気持ちわかっからさぁ」なんて軽く言うやつは、だいたいこっちのことを何もわかっちゃいない。ウソもフェイクも「知らんけど」も含めて、僕たちが知りうるのは、本当に世界の一部に過ぎない。「あなたのためを思って言ってるのよ」と話している母さんの「わかってなさ加減」も、母さんの「本当の気持ち」も、実はよくわからないのだ。

世界には善意も悪意も混じってウソもはびこる。世界は広すぎる。人や物が多すぎる。本当のことはわからない。だから間違える。間違い続ける。立派な人間になるのはとうてい無理だ。しかも「立派な人間は間違えない」と根拠もなく優等生洗脳がなされている。この「立派な人間」という呪いの言葉は、要警戒ワードだ。

頭と身体を動かすために

そんな広大な世界を生きるちっぽけな僕たちなのに、学校はどうしてちゃんとした人間というお手本を指し示すのか？　もともと間違えまくる人間に「立派な人間モデル」を見せても、神棚に飾ってあるお供《そな》え物ではないか。だから「主権者」や「市民」といったお手本は、その意味では具体的な人間ではなく、観念的（脳内でモデル化してつくり上げた）個人だ。「どこにもいない人」のことだ。

しかし、僕たちは何かを考える際、脳内に昔見たことがあるシーンや、夢や妄想にあった場面といった、具体的なことを登場させるものだ。「一たす一」という勉強だって、「りんごひとつとみかんひとつを両方あわせると」とやる。だから、人間の脳と身体が動き出すためには、「……的な何やら」とか、「……性」などという言葉だけでは上手くいかない。

つまり「立派な人間」という抽象的な言葉に寄りかかりすぎると、あまり学びを刺激するようなストーリーも、心身の変化も起こらないということだ。僕の教える大学生たちに学習計画を尋ねると、必ず「ちゃんとがんばります」と言う。そこにウソはない。真面目だもの。でも「ちゃんと」という言葉の中に含まれているものを切り分けて考えないから、その先が始まらない。ある言葉の中に含まれているものを切り分けることを「分節化」という。

なんか面倒くさくて、その場をやり過ごそうと思ったときには、担任や親の前で君たちは「がんばります」と言って処理したはずだ。僕も親父の説教から身を守るために、何百回も「わかりました。がんばります」と言って逃げた。そして、ほとんどの場合は、さほどがんばらずにギターをいじってビートルズばかり歌っていた。

立派な人になるより切実なこと

三つ目の理由は、ものすごくわかりやすい。「オレ・ワタシらには、世界を広げる手段もないから、かったるくて、そうそう立派な人間になる努力なんてしてられない」である。それよりも学校にいるティーンエイジャーにとって切実なのは、先に触れたように、教室のなかの人間関係における自分の身の安全、つまり半径5メートルの日々の安全保障なのかもしれない。

クラスの、声が大きくて押し出しのいい、なんか自分たちをイケてるって思ってつるんでいる、先生とかにも楽しく絡んでもらえている人たちもいるけど、そうでもない人もいる。あんまりイケてない、どっちかというとオタ的に地味にひっそりと生息している人たちもいる。そういう小グループが複数あって、五〜六人の間で、波風を起こさないような神経戦に集中している人たちもいる。クラスのみんな？　四〇人でしょ？　対応できないわ。大きすぎて。とりあえず、オレ・ワタシのかかわるフツー集団の五人の平穏を守るのが精一杯だろう。

おのおの小グループ単位生活に集中している者からすれば、授業で「主権者」なんて言われたって、そんなことよりオレ・ワタシらの生活の磁場で、まず「安全なキャラ設定を選択して、慎重にそれを演じて、面倒な波紋を起こさないエリア」を確保するほうが、日々においては重要だ。「立派な主権者や市民？　そんなこと考える余裕なんてない」ってところだ。「教室をフラットな空間と見なしすぎている」とこの章の最初でも言ったが、こういうことはけっこう見過ごされていると僕は思う。

友だちが一〇〇人も必要なワケがない

ゆるくつながること

「立派な人間になるという目標を捨てる」という大前提に加えて、もうひとつの大切な、そして君たちを楽にする前提を付け足しておこう。

友だちがいないことは気にするな。

昨今はよくよく教育関係者のあいだでも問題視されるようになったけど、そもそも六歳の時に聞かされて、歌わされるあの歌は、本当に君たちを縛りつけるものだ。

♪いちねんせいになったぁら
いちねんせいになったぁら
ともだちひゃくにんできるかな♪

そもそも、この世の中は、「友だちがいる＝良い子」、「友だちがいない＝残念」と、当然のように決めつけて、友だちとうまくなじめない子を「なんとかしてあげなくては」と思うおせっかいな大人が大量にいるのだ。
もう、あたりまえのことを言う。

僕らはそんなにたくさんの人と友だちにはなれない。

そもそも「友だち」という言葉が大雑把《おおざっぱ》すぎる。友人という言葉を切り分ければ、友だちの少なさを理由に自分を責めるみたいなことはしないで済むはずだ（第三章で詳しく扱う）。

「共通の趣味がある人」、「いっしょにいるとホッとできる人」、「ちょっとサイン出すとすぐに甘やかしてくれる便利な人」、「なぜか熱心に試験範囲を教えてくれる人」、「JR貨物の車両番号の話だけで二時間いける人」、「イジられたがっているウザい人」、「部活でいっしょなだけでケンカさえしなければさほど面倒でもない人」エトセトラ。

だいたい「何でも話せる親友」なんて、そうそうかんたんにできるはずがない。僕たちはもうあきれるほど自分の利益を大事にして、思いのほか脅しや圧力に弱くて、予想以上に面倒くさがり屋で、ちょっとディスられるだけで死にたくなるほどハートがガラスで、そんな厄介な人間が、学校によって勝手に四〇人くらいの箱に囲われて、嫌でも何でも十代の大半の時間帯を生きねばならないから、毎日を無事にやり過ごすだけでも大変なわけだ。

そんな中で、奇跡的に（思い込みであっても）「親友のような人」と関係ができるときもあるわけで、それはそれでものすごくありがたいことだけど、そうならないからと言って、そのことが人間として欠陥があるみたいな問題であるはずがないのだ。友だちなんて「どうしようもないダメなところがあることも含めて友だち」なのだと僕は確信しているので、当然親友の数は少ない。

話を戻すと、僕たちは立派な人間になんかなれないし、適当に弱くてズルくて自分勝手だということ、そして「人はみんなそれぞれでしょ？」とか「疲れるから、一人にしてほしい」という気持ちになることを押さえておきたいのだ。

その上で、とりあえずは「たくさんの友だちと協力して立派な主権者にならねば」とお行儀のいいことは考えず、僕たちの日常を振り返って無理をせず、生活の延長上で考えて、僕たちは横のつながりを、あの肩に力の入った「友だち一〇〇人できる！」じゃなくて、**「ダルいしウザいけど、お互い様ってところがあるから、ちょっとは我慢するしかない、でもたまにはおもしろい存在」くらいに、「ゆるく」決めておく**ほうがいいんじゃないかと思うのだ。どうせ無理は続かないから。

顔も知らない隣人たちの集まる「社会《ソサエティ》」

隣人については、「ま、おたがい適当に我慢し合うってことで」とできれば、肩の力を抜けるのだが、政治や民主主義の話をするのに、そこを超えるもう少し大きな人間のカタマリについて、まったく触れないわけにはいかないから、もう一歩だけ「ゆるく」いくための断り書きを示しておく。

使う言葉が、大仰な、（それこそ）立派な、ビッグ・ワードになればなるほど、僕たちはその言葉を細かく、深く考えない傾向がある。大学生たちに、「そもそも◯◯って何？　それを中三の弟や妹に説明できる？」って尋ねると、教室は鍾乳洞《しょうにゅうどう》のような沈黙になる。

そういうビッグ・ワードの中でも、もうちょっと大きな人間のカタマリを表す典型的な言葉が、「社会」だ。

社会という日本語が何を説明するための言葉なのか、そんなことただの一度も考えたことがないし、でもどこにでも出てくるし、みんな「だいたいあれぐらいの意味……だよね？」としたまま、「社会人としての自覚」とか、そういう体重の乗らない使い方もする。非難しているのではない。ビッグ・ワードの扱い方は、誰でもそうなりがちだと言いたいだけだ。

人間のカタマリは、まず「個人」がいて、「家族」がいて、「親戚」がいて、「町内」みたいな大きさになって、「市内」とか「県内」みたいに規模が広がっていくという順番になりがちだから、それがかなりでかくなると「社会」かな、などと少し進む。そして、社会は「世間」よりかは広いけど、もちろん「国」とか「世界」よりずっと小さなカタマリなんだろう、という感じだ。あながち間違ってはいない。そうすることで、大きさを区別するという言葉の役割もあるからだ。

でもここをみなサイズの話だとしてしまうと、例えば「社会と世間の違い」については説明が足りないし、社会という言葉の、そこはかとなく漂う感じもわからないままだ。そのくせして、政治や民主主義を考えるさいには教科書にはたくさん出てくるから始末が悪い。

まず、社会は「家族」や「ご近所」とは違う。なぜならば、社会の人とはほとんど面識がないからだ。原則、会ったこともなければ、話したこともない一〇〇%の他人だ。それなら まったく関係がないかと思えば、そうでもない。何か社会の一人ひとりはみんな別々の個人だけど、ぽつんと個人としているだけの人間というものに自分をなぞらえてみると、なんとも言えない心もとない気がしてくる。

会ったことも話したこともないのに、何かでつながっているカタマリと考えないと、ちょっと不安を感じるのだ。

それなら僕たちは話をこの先もうちょっと進めるために、会ったことも話したこともない人たちと自分との共通する何かを発見して、その意味で「なんか、ちょっとつながっているのかも」くらいに思えば良いのではないか？　なぜならば、そのつながるものしだいでは、「オレ・ワタシたち＝We」という、政治や民主主義を考えるための前提を押さえられるからだ。

僕たちは一人残らず弱くて小さい

会ったことも話したこともない社会の人々と自分との共通点は、「みんな弱くて小さい」ということだ。それは、単にフィジカルが弱いとか、メンタル的に弱いということだけではない。変な言い方だが、僕たちの弱さとは、「ぽつねんとひとりでいる人間という図で考えても意味がない」という意味での弱さだ。

人は自立し自律的に生きることが良いとされてはいる。しかし、この巨大な経済システム、地球環境条件の下で、僕たちは原子みたいな一単位としての個人では、ほとんど何もできない。どうしても他者との協力が必要だ。

カタい言葉でいうと「協働（cooperation）」だ。一人ひとりではどうしようもなく弱く小さく、出せる力にも限界があるから、たくさんの人たちがその足りない部分を補い合うという意味だ（コラボという言葉もあるが（collaboration）、これは「良いものを持ちよって足し算する」というニュアンスが強い）。

だから、僕たちにとって社会を守るとは、「ひとりじゃ基本的に何もできない人間の力を引き出す、協力するカタマリの継続」という意味になる。僕たちをつなげる共通の性質は「ひとりだと弱い生き物」ということであり、その意味で僕たちは平等だし対等だとなる。

これは国立競技場の観客をただ眺めていても、レプリカ・ユニフォームで真っ赤に染まった広島市民球場を見ても、それだけではなかなか理解しづらい考えだ。そこには、「面識はないけど、きっとオレ・ワタシみたいなダメダメで、ダルダルな人たちがたくさんいて、でもそんなに捨てたもんじゃないこともできるし、ちゃんと考える時もあって、時にはおんなじ気持ちでいたり、ある時は勝手なこと考えたりして、毎日暮らしてるんだろうなぁ」という、**「違う人間だけど、重なった、似たような条件で死ぬまで生きるしかない人間」のことを思い浮かべる**ことが必要だ。そして、こんなふうに考えられるだろう。

暮らしの中で、とんでもなく理不尽でヒドい目にあった時に、人は「いくらなんでもありえなくないか？」と思う。そして、それは自分に関してだけではなく、面識のない他人に対しても同じように思うはずだ。想像力を通じて。

誰かは知らないけど、自分と同じように、ある人がバレー部の顧問に練習中に蹴り入れられたみたいな、納得できない目にあったことを知れば、「そりゃいくらなんでもヒドいんじゃないか？」と思うだろう。「知らない人だけど、めっちゃムカつく差別をされたとか、そういうのありえない！」と怒ってくれるだろう。

会ったことも話したこともないけど、きっと「それってヒドくない？」と思ってくれる人たちがいると思うし、そう信じたい。

そういう気持ちが多くの人たちに分け持たれているなら、この世には「社会」が存在していると僕は考えている。

だから、社会とはカタマリのサイズの問題だけじゃない。「いくらなんでも、それないわ」

と言ってくれる人がいるはずだという「信頼」があるかどうかということを含んでいる。いくらイイ感じの規模のカタマリがあって、上っ面では楽しそうな顔で、ショッピングモールを笑顔で歩いていても、アフリカ系ルーツの父親を持つ友だちが誰かに「オマエ、日焼けし過ぎだろ？」などという暴言が吐かれた時、みんながそれを見過ごしたり、「ま、よくね？それぐらい」とかたづけたり、言われた者が「どうせ、いつものことだからさ」と諦めたりしているなら、そこには社会はない。「群衆」がいるだけだ。

社会とは、「信頼と想像力の共同体」だ。

ちょっとカタい。言い換える。

「あるていど信じられる他人のいるカタマリ」だ。

世界史に一度しか登場しない僕たち

一人の人間がいることの奇跡

みんな同じ弱い小さな人間なのだが、やはり人間はみんな同じではない。全員違う。「**すべての人間は、世界の歴史にたった一度しか登場しない**」と言い換えてみてもよい。取りかえがきかない人という意味だ。そのことは、誰がどう反論しようと、ほとんど奇跡に近いことだ。

君と僕がここに今いることそのものが奇跡だ。

だから民主主義のスタートラインは「個の尊重」だ。もう二度と同じ人間は永遠に登場しないから、「そのひと」がここやそこやあそこにいるという事実が貴重でありがたいことなのだという考えを、一言で表現したのが「個の尊重」だ。これも、この本で話を進めるさいに、欠かすことができない大前提だ。

そんなことを言っても、「この世には本当にロクでもない、クズのような人間もいるではないか？　この世界に何のメリットももたらさない、ひたすらみんなの足を引っ張るような迷惑極まりない人間が！」という反論は後を絶たない。

文学や演劇は、人間という底知れぬわけのわからない生き物をどう描くかという課題だけで成立しているようなものだから、そういう人間を描く。もしかすると、この世には存在そのものが悪というような本物の悪人がいるのかも知れない。

しかし、それはやっぱりわからないのだ。

なぜならば、僕たちは人間の歴史にたった一度しか登場しない者たちについて、不完全な情報しか持ち合わせていないからだ。まったくの悪人だと確定するためのデータをそろえて持つことは不可能だからだ。悪の濃淡はわかるが、本当の悪については、僕たちは実はよくわからない。

僕の心の師匠である亡くなった哲学者の鶴見俊輔《つるみしゅんすけ》さんは、「人間についての最終的な判断を下すための情報を持ち得ない以上、我々は人の存在をなきものにする合理的な根拠を持ち得ない」と言った。「人を殺《あや》めてよい根拠を人間はもっていない」ということだ。僕たち自身が全員、そういう生き物だということだ。

僕たちは、日々の暮らしの中で、本当にうっとうしいことを言ってきたりやってきたりする隣人に対して、ある限界を超えると「マジ殺す」などと（半分ノリで、半分マジで）つぶやいてみたりする。あんなやつ地上にいなけりゃ自分の人生もおだやかなのに、なんて思ったりする。気持ちはわかる（高校の修学旅行の最中、缶コーヒーで重みをつけて僕の腹を殴った石綿君のことを僕は忘れてはいない）。

しかし、だからと言って、ウザいやつらを存在しないものにしてしまうことをちゃんと説明できる理由はない。そんな理由は探してもわからないのだ。

違う人間同士がもつ同じもの

僕は、この大前提の項目で「一人ひとりの人間はぜんぶ違っていて取りかえがきかない」と言っている。そして、その少し前は「人間はみんな同じように弱くて一人では社会を支えるようなことはできない」とも言った。

つまり、「人間はみな違うがみな同じだ」と言っている。

ここのところを行ったり来たりしながら考えるのが、政治のことを考える始まりだ。「差別はいけない」と言う。なぜならば人間はみな平等で同じだからだと言われる。しかし、他方で「みんな違ってみんないい」とも言う。どっちやねん？

だから、こう言い換えてみる。

一人ひとりの人間は史上唯一の存在だからおのおの異なる。でも生きのびるための共通の条件をかかえている。

イケメンで、可愛いクラスの面々（男女とも）とちゃんと絡めて、サッカー部で、背番号一〇で、ケーオー入って、外資系コンサル行って、タワーマンション三〇歳で買った、高校のクラスにいたあいつも、「お前らみたいなコミュ障じゃ、将来ろくなとこ就職できねぇぞ」と担任に冷たく言われた鉄道ファンのこいつも（僕は鉄系ではないが、鉄オタを愛しているという珍しい人種だ）、ひとりではこの世界で何もできない。できていることはみな誰かの協力を受けている。

お互いに、とくに友だちになりたくもないし、将来仕事の場とかでも顔なんて合わせたくないけど、リーマンショック級のどデカい経済危機がまたきたら、郊外のコンビニで安い時給で「レジ袋つけますか？」って言って、苦労して働くことになるかもしれない。ちょっと大きめの病気になった場合だって同じだ。僕たちは、そういうもろい立場にある。明日のことは誰にもわからない。本当だ。大きなうねりや流れの中でいつだって溺れそうになっているのが現代の人間だからだ。人間はそれぞれだが、同じリスクと圧を受ける可能性のある不安定な生き物だ。

このことも、世界をあまりに大雑把に考えないようにするために押さえておきたい前提だ。どっちに決めてもダメだ。両方なのだ。

最初の大前提は、とても大事なので、まとめてみよう。

なんとも前提だらけで申し訳ないのだが、僕はこんなことを言った。

・**「立派な人間になる」という目標は必要ないから捨てたほうがいい。**
これは「抽象的なお手本はわきに置いていいよ」という意味だ。

・**友達がたくさんいないことは気にしなくていい。**
これは「無理はしないで、自分を守れ」という意味だ。

・**社会とは「あるていど信じられる他人のカタマリ」くらいで良い。**
これは「まだ見ぬ友を少しだけ信じよう」という意味だ。

・**一人ひとりの人間は唯一の存在でおのおの異なるが共通の条件をもっている。**

これは「君はひとりだが生きのびる条件は友と共有している」という意味だ。

ここに示した前提は、後になってジワジワと伝わるようにこの本は作ってある。「前」提なのに、「後」から来るのだ。ワハハ。

さてさて、話を次に進めよう。

第1章　言うことを聞く／聞かせるということ

――権力・合意・自治

政治とは「選ぶ」こと

「人の言うことを聞く」とはどういうこと？

この本の大前提を確認した後に、最初に投げかけておきたいのは「人の言うことを聞くとはどういうことか？」という問題だ。「人の言うことを聞く」という話が政治と、どうして関係があるのかは、今のままではわからないと思うけれども、こういうところから話をしないと、君たちの生活からにじみ出てくるものと、政治が結びつかないのである。とにかく、まずはここには政治に関するヒントがたくさん含まれているんだろうと思いながら、つき合ってほしい。

君たちは、幼稚園や保育園時代からあれこれと「言うことを聞きなさい！」と育てられてきた。そして小学校から聞かねばならないことは、だんだん細かく多くなり、じわりと大人の世界との距離が縮まって、量も質も大きくレベルも上がってきた。「オシッコの時は言いなさい」から「スマホのアプリは原則として親に相談してからインストールしなさい」までだ。いったいどれだけ人の言うことを聞いてきたのか？

子供のころから、親や先生の言うことを聞くということが続いているので、そうすることが身体に染みついてしまって、逆に何をするにも誰かの指示を待っているみたいなことにもなっている。仕方がない。それが、子供が大人になるために必ず通る道だ。

しかし、もはや君たちは中高生だから、親や先生が言うことをそのまますべて受けとって素直に従うわけではない人生を歩み始めている。あれこれうるさい親とのやりとりにうっとうしいことも増えてきた。

だから、そういうタイミングにあることを活用して、「そもそもどうして人は人の言うことを聞くのか」という、そもそもの話について考えておくことは、将来人の言いなりになる人生を歩まない準備になると僕は思う。

それと、「何を言われてもスルーして、自分のやりたいようにやるから大丈夫だろう」と思っている諸君にも、「これは自分で決めた」と思っていても、「そういうふうに誘導されている」ことがあるから、ここはよく知恵をつけておくという意味でも、けっこう大事だと伝えたい。

さて、そもそも人はどうして人の言うことを聞くのか？

漠然《ばくぜん》としすぎているから、もう少し、問題のありかがわかるように言いかえよう。

人は、すべての場面で自分の好き勝手にものごとを押し進めていくことはできないから、時には人の言うことを聞かなければならないのだが、その際には、どういう理由で「はい、わかりました。その通りにします」と受け入れるのだろうか？

日本語では、「言うことを聞く」という表現に独特の意味が込められていて、ただ文字通り言うことを聞くなら、それは人の「声帯が震えた音」で「自分の鼓膜を振動させる」という意味なのだが、ここには「人が要求することに従う」という意味が入っていて、それは例えば「たまには人の言うことにも耳を傾ける素直さが必要だ」という言い方に表れている。とにかく、日本人にとって「言うことを聞く」は、リッスン・トゥー（Listen to）ではなく、「言われた通りにする」という意味になっている。

選んで、決めて、受け入れさせる

「人の言うことを聞く」ということは、いつも親や先生や先輩との一対一の関係の中だけで起こるわけではない。むしろそういう場面よりも、「決まったことに自分をどう合わせるのか」という時によく起こる。決め事に対してどういう態度をとるのかという場面だ。そして、これこそがまさに「政治」の話なのだ。政治の話の最初のきっかけがここにある。

決め事がどうして政治の話になるのかは、まだピンときていないだろう。ここは丁寧に説明するから焦らなくてよい。とにかく、何かを「決める」ということを、政治においては絶対に避けることができない。今はまだ、ここを長々とは言わない。それだけで本が一冊になるからだ（『ええ、政治ですが、それが何か？』明石書店、という本になっている。いい本だぞ）。「政治とは？」という問いには、たくさんの答えの候補があるが（すべての問いには「対応する一つの答え」などない。大学に行くとわかるが、「どの答えが一番説得的か」というやり方しかない）、ここで強調したい**政治の独特の性質とは、「選んで決めること」**ということだ。政治の場面においては、いろいろな選択肢から何かを「選んで」、よいと思ったらそれに「決める」ということを避けることはできない。そして、「決まったこと」は、それだけでは終わりではなく、「決まったことを人々に受け入れさせる」ことが必要だ。ここで、「言うことを聞かせる」という話につながるわけだ。

確認しよう。

「人の言うことを聞かせる／聞く」という話は、政治の話だ。なぜならば、政治においては「選んで、決めて、受け入れさせる」という三段階を避けられないからだ。選び方、決め方、受け入れさせ方は、もちろんいろいろだ。

僕たちの心の習慣——理由を放置したまま従う

「一同、礼！」というナゾの儀式

この国の多くの人たちは、なんとも不思議な心の習慣をもっている。入学式や卒業式の日に、いつもそう思う。式典なんかは、おおよそおごそかな雰囲気の中でなされるが、司会役の先生が、式が始まると必ず全員に号令をかける。「全員！　起立！」。それにこれが続く。

「一同！　礼！」

その場にいる日本人は、全員起立してお辞儀をする。軍隊のようだ。ちなみに僕は礼をしない。昔はしていたが、だんだんと心のモヤモヤが大きくなって、しなくなってしまった。だからみんなの頭が下がっている時、僕はぼんやりとまわりを眺めている。こういう僕を、非常識だと話を終わりにするのはかんたんだ。みんなが頭を下げているのに、あの大学教授は下げない。なによ？　偉そうに、と。

しかし、これはじつに不思議な光景なのだ。だって入学式では、入学者も後ろに座る保護者も、先生たちも、僕以外の人たちすべてが、ステージ正面のマイクの置いてある「誰もいない演台」に向かってお辞儀をしているからだ。壁には日の丸と学校の旗か、市町村の旗が貼ってあるだけだ。

演台に校長先生がいて、それに対し「礼！」というなら、誰に何の礼を尽くすかはわかる。これからの儀式の前に「校長先生、本日も大変なお役目を果たしていただき、ありがとうございます」という敬意をもってお辞儀をするということなら、全員が礼をすることは、おかしなことではない。

でもこれまで何度となく見てきたこういう式典の風景で、僕たちの社会の心優しき人たちは、いつも「誰に対して何の敬意を表しているのかわからないまま」、ぼんやりと「礼と言われたから礼をしておいた」と思って、その場をやり過ごしている。いったい誰にお辞儀をしているのか？　今も謎のままだ。だから納得などしていない。そして、納得していないのに「お辞儀をさせられ続けて」いる。じつに不思議だ。

こういう不思議が、僕たちの社会にはたくさんある。お辞儀をさせられるということは、別の言い方をすれば「頭を下げろと命令されている」ということだ。「岡田さん、そんなことを深く考えている人はいませんよ」と笑う人もいるだろう。僕は特別偏屈で、空気が読めず、いい年をして式典の場のマナーが身についていない人間なのかもしれない。

若者はどう考えているのかと思った僕は、大学の学生たちに聞いてみた。「あれは誰に対して何の礼儀を尽くしているんだ？　君たちはその時、納得してやってきたの？」と。すると、この間まで高校生だった一、二年生が、「先生もそうなんですか！　僕も昔から不思議で仕方がなかったので、学校の式典とか大嫌いでした。お辞儀する意味がわかんないし、でもそういうことをくどくど言うヤベーやつって思われるのも面倒くさかったので、黙って従いました。まさか先生が自分と同じ感覚の人だとは思いませんでした。超嬉しいです」などとコメントに書いてくるのだ。おお！　同志よ！

僕はここで、お辞儀をするのは誤りであるとか、馬鹿げているということを強調したいわけではない。人間がする行動のすべてに意味と根拠を求めるなんて、そんな暇も気力もないから、適当に流しておけばいいこともたくさんある。でも、敬意の気持ちを表す人間の作法を全員に強いている以上、それに従う理由についてそこそこ納得していなければいけないと思うのだ。理由もなく、対象もわからず、誰もいない空間に、ぼんやりとお辞儀をするなんて、どうしてそんなことができるのか？

エピソードはこれだけではない。僕たちの社会では、人の言うことを聞くのに、根拠もなく黙って従う人が多い。考えない癖がついているかのように。

なぜ先輩の言うことを聞くのか

小学校を卒業するまでは、上の学年の子は多少威張っていたり、低学年の子が高学年の子をちょっと怖がっていたり、避けていたりすることがあったけれど、あからさまに命令するような場面は、実はあまりなかった。しかし、中学に入ったとたん、いきなりヘンテコリンなことを先輩に言われて押しつけられて、嫌なら「嫌です」と言えばいいのに、「先輩だから」という理由だけで、部活などで言うことを聞かせられる日々になる。一年生部員だけ部室掃除をやれとか、グラウンド整備は一年の仕事だとか。

「部室を使うのは全員だし、二、三年だってけっこう汚しているのに、どうして一年ばっかりが掃除するんですか？」と聞くと、「一年が、マジでぶったるんでるからだよ」なんて言われる。あんたらだってダラダラしてんじゃんよ、とハートが異音を発する。それが理由かよ？　それ以外にないの？

先輩の言うことを聞かなければならない理由は、本当は何だろう？　僕は昔からこれが嫌いだった。先輩といったって、たまたま自分より一年や二年先に生まれただけだ。昔、それを「それだけ人生経験が長いのだから、言うことを聞くのは当然だ」と説明された。中学一年の時だ。

僕は、二年の先輩があまりにマヌケで、そのくせちっぽけな力を振りかざしているので、頭にきてそいつに反撃した。中学の制服を着たとたん、年上だという理由だけで「オレ・ワタシの言うことを聞くのは当然だ」とする考え方のずさんさにイライラしたのだ。顧問の先生にも「岡田くん、先輩に対してどうして敬語を使えないの？」としつこく説教され、年に三〇〇日も練習させられ、一本五〇万円もする高価な楽器を子供に買い与えるような非常識な世界についていけず、半年で吹奏楽部を辞めてしまった。そして一人でギターを弾いた。

君たちも自分の一週間を思い出してほしい。「なんで理由もあまりはっきりとしないのに素直に言うこと聞いているんだろう？」ということが、頭に浮かんでくるはずだ。浮かばないなら、言うことを聞くことが体の一部になっているのだ。

僕は、理由もないのにお辞儀をしたり、謝ったり、言いたいことをぜんぶ我慢することは、時々はあるにしても、それが多くの人の心の習慣になったらまずいことになると思っている。とんでもなく納得のいかないことや、まったくもっておかしなこと、そんなことを文句も言わずに見過ごしていたら、もっと多くの数の人間にもっとヒドいことが起こり、人が巻き込まれるだろうと心配している。戦争なんかはその最悪の例だ。だから、人が人の言うことを聞く時には、それなりの根拠と理由、つまり「言葉」が必要だと思っている。

そうでないと、いい年をした大人になっても、納得のいかないことがあった時に、毎回「まぁ、しょうがないよ。上がそう言ってっから」とか、とくに深く考えることなく「そんなの常識だろ」と決めつけたり、「主張以前のマナーの問題でしょう？」などと話をすりかえたりして、自分だけならともかく、まわりの人間にも理不尽なことを押しつける人間が増える。そういう大人は大量にいる。悪意があったり、なかったりだ。たいていは勇気がなかったり、面倒くさかったりだ。

人間の生活には、そういう場面も必ずあると思う。だからそれをすべて否定したいわけじゃない。たとえ少々押しつけられていても納得しているならよい。ぼんやりと受け入れることが怖いのだ。「ちょっと待てよ？」となかなかなりづらいからだ。

トンデモ校則は守るべき？

なぜ女子だけ靴下の色が指定されるのか？

ちょっと前に、僕の大学の附属高校の生徒が、卒業後の進路を決めるための「附属校フェス」に来てくれて、僕は彼・彼女らを相手に大学の模擬授業をやった。教室には高校生だけじゃなくて引率の先生がついてくるのだが、これまでの経験から、ふだんから「言うことを聞かせている」人が同じ空間にいるだけで、対話形式の僕の授業では生徒たちは何かよそゆきの立ち振る舞いとなりがちで、あまり本音を言ってくれない。

入学前の高校生の考えや感覚を知るのは貴重なことなので、できればあまりあちこち気を回してほしくないから、引率の先生に事情を話して「すみませんが授業中は席外してくれますか？」とお願いした。そして「飲み物とか自由に飲んでね」と緊張を解いてやった。のびのびしてほしかったのだ。

目の前にいちおう大学教授がいて、でっかい図体でこっち向いているから、やっぱり最初はみんなとまどっている。「『政治』って言われて、脳内に最初に浮かぶイメージって何？」と僕が聞くと、「……内閣総理大臣とかぁ」なんて、まったくもって立派なことを言う。

でも、そんなの君たちには全然リアルじゃないってことはもうお見通しだから、「そういう立派なこと言わなくていいからさ。立派なことばっかり言って、そんなにわかってないのにわかっていることにする要領ばっかり覚えると、そのうち役所の文書を平気で改ざんするような、まったくもって立派じゃない秀才になるから要注意だぜ」って言うと、みんな笑い出して雰囲気も良くなって、けっこう率直に話すようになる。

「君たちの生活の気配があるところに合わせてちょっと聞いてみるけどさ、一週間の学校生活で、『マジこれないわぁ』ってモヤモヤしてる校則ってあったら教えてくれる？　引率の先生には絶対に言わないからさ」。

すると、ひとりの賢そうな女子君が話してくれた。

「あのぉ、制服の話なんですけど、男子は靴下自由なのに女子だけ購買部で売ってる学校指定の黒いやつじゃなきゃだめなんですよぉ。それっておかしくないですか？」

「ちなみに、その黒い靴下は、ダサいわけね？　女子的には」

「はい！（きっぱり）」

「そうかぁ、男は自由で女子は黒のダサいの強制ってことね。だったら考えたいよなぁ。そういう説明がつかないルールは、いつ、どれだけの選択肢の中から、誰が、どんな話し合いをして、どういう根拠で、『じゃ、そういうことで』と決まったのかって。それと、どうしてそんな不平等な決め事を羊のように大人しく女子たちが受け入れちゃってるのかな、なんてね」。

二〇人くらいいて、「土曜日なのに早朝から隣の隣の県まで連れて来られてマジ眠い」という顔だった高校生たちは、一五センチくらい身を乗り出してきた。

僕が問いかけたのは、そんな難しいことじゃない。

先ほど書いたあの三段階の話だ。

人に言うことを聞かせるということは、「選んで、決めて、受け入れさせる」という三段階を必ず経ているというあれだ。

私立学校は少子化の時代に生徒集めに気をつかうから、「あんなダサい制服の学校なんか受けたくない」と思われたら具合が悪い。だから一流のデザイナーに頼んで、おしゃれで可愛い制服にしている学校もたくさんある。だから「女子は指定の黒い靴下とする」という決め事をしたときにも、複数の案があっただろう（純白とか、スクールカラーとコーデさせたパステルカラーとか）。女子学生の制服なのだから、女性教員の声も反映させようとして、会議は「校長と副校長と学年主任と女性教諭」で構成されていたかもしれない。

でも最終的には校長の気絶するほど古いセンス「戦前から女学校の生徒は黒と決まっている」に、他のメンバーが全員忖度《そんたく》して押し黙り、「女子靴下は学校指定の黒とする」と決定されて、女子生徒の間では不満タラタラで、心中常にモヤモヤしているけれども、「今のところ大きな声でノーと言う生徒も保護者もいないから受け入れられているはず」と、学校は高をくくっている……のかもしれない。そうじゃないかもしれないが、モヤモヤしてるのに誰もそれを確かめない。

とっくに政治に巻き込まれていた

そして、こういう、今この瞬間も日本中の学校や企業で起こっている「なんだかなぁと思うがなんとなくそれを受け入れている」案件に共通する理由の多くはこうだろうと思う。

そのルールを誰がどういう理由で決めたのか、どうすればルールを変えられるのかを知らないから。そもそもそれを変えろと言って良いのか悪いのかもぜんぜん知らないし、教わったこともないから。そして誰もそうしないし、「決まっているから」と受け入れる以外に脳内に何も浮かばないから。

つまり、とくに納得も合意もしておらず、自分の立ち振る舞いや行動に対して「こうしてね」と指示されているのに、それが特別変なことだとも、理不尽なことだとも思わないようにされているということだ。このように、**人にやるべき立ち振る舞いを示して「言うことを聞かせること」を、政治学では「行為の指定」と硬い言葉で説明する。これは重要概念の一つである「権力（power）」という講義項目だ。**政治学のよいところは、この「政治とは、権力を通じて、誰かの利益となるように他者の行動をコントロールすること」という、いささかキナ臭い話をも対象にしていることだ。

モヤモヤするなら確かめればいいじゃないかと、附属校の生徒たちに言った。

君たちは、自分には政治なんて関係ないと思っていたかもしれないけど（もちろん、あの官僚の作文を棒読みする大臣の顔が浮かぶのは無理もないけど）、教室で起こっていること、あるいは教室には知らされていないけれど、校長室で決まっていること、関係あるのに「決まっていることだから」とされていることなんかを考えれば、もうとっくに政治に巻き込まれているし、その意味で政治は国会だけじゃなくて、君の学校でも教室でも起こっていることでしょ、と。

校則をめぐる話で大事なのは「どういう校則がいいか？」という問題だけじゃなくて、「そもそも、そんな校則を、どんな価値観で選んで、誰がどういう話し合いと理由づけをして決めたのか、そして、どうやってそれを受け入れさせたのか」という、校則が存在する「前」と、存在「し続けている」部分なのだ。校則の中身については、政治学者が決めることじゃない。それは「それに影響を受ける、今を生きる者（君たち）が」決めることだからだ。「校則をめぐる政治」という言い方がこうして浮上してくるし、意味もじわりじわりと出てくる。

ただ、ここでいう政治の話に当てはまらないことも起こる（めったにないけど）。それは、「どうして女子だけダサい黒靴下？」と問うと、「明け方に、突然お告げがあって、それを讃える儀式をしたら東の空に巫女が降りてきて、その背中に『黒』という文字が見えたんです！」と返されて、一同「ははぁー！」と平伏した、みたいな話だ。

これでは選択肢が他にあるのかないのかも、誰が決めたのかも（巫女だから、結局人間を超えた者で、要は誰かよくわからない）不明だ。これは「人間のやった」政治ではなく、「神とか自然がもたらす」呪術（オマジナイ）の話だ。政治学風に言えば、これは近代以前の**「絶対神摂理による秩序付与」**なんて呼べるかもしれない。つまり、世界の秩序は人間ではなくて人間を超える存在によって創られるという枠組の政治「神」学だ。

それにしてもダサい黒靴下の問題は切実だ。ティーンエイジャーにとって、着ているものや髪型や持ち物がダサいということは致命的なことだろう。だから、この決め事は、「上が（校長が）言っているから」では済まされない、もしかしたら日本の消費税率をどうするのかという問題よりも深刻になりうる。中高生にとっては。

政治学では、決め事と自分の関係について、次のような前提で人間のカタマリを運営することを**「民主政治（デモクラシー）」**と呼んでいる。

人は、自分の生活や人生に直接・間接に影響を与えるような決め事がなされる時には、それに対して直接・間接にひと声ものを申す権利を持っている。

裏から言えば、「人は、自分の生活や人生に影響を与えるような決め事が、自分の知らないところでなされたときには、その決め事には従わないという態度をとっていい」ということだ。アメリカの偉大なる、これまた僕の心の師匠の政治学者ロバート・ダールという人はそう言っている。

やはり決め事は、自分たちでやらないと、「人に言うことを聞かせられる」感が残ってしまう。注意しないとあたかも「自分たちは『促しただけ』で、校則の廃止については、教員・生徒・保護者が集まって相談して、みんなで決めたことですから」というタテマエだけがアリバイにされて、実際は「役所が上から通知を出す」みたいなやり方をされてしまうことだってあるのだ。

「デートは親に知らせろ」という校則をどうする？

附属校の例を出して、「根拠や理由がないなら、ぼんやりとルールに従ってるのもモヤモヤするでしょ？」と僕は君たちを刺激してきた。だから、みんなも「自分の場合はどうなるのか」をイメージしながら、実際にどうするかをいっしょに考えてみよう。

そう書くと、すぐにゲームの必勝法みたいなものを期待する人が多いから、あらかじめ断っておくが、これはあくまでも「というやり方だってあるよ」というヒントと、具体的イメージのお助けくらいに考えてほしい。これが本当にうまくいくかどうかは、第三章で説明するけど、「どうやって仲間をつくるか」にかかっている。それはひとまず置いておいて、シミュレーションしてみよう。

君がもし某高校の一年生になったとして、入学式で生徒手帳が配られて読んでみたら、こんな「こころえ」が書いてあったとする。

「休日に学外で異性交友をする際は、保護者に場所や相手を知らせ届ける」

令和時代の君たちは、即座に「ありえない」と笑うだろう。しかし、昭和の時代に高校生だった僕には、この馬鹿馬鹿しさは懐かしいし、かつコケが生えるほど長いあいだ放置されて、こういうトンデモ校則が残っている地域だってあるのだ。だからこれはどこか別の惑星の高校の校則ではない。これと同じではないが、これにかなり近い校則だって現存している（「ポニーテール禁止」とか！）。話をわかりやすくするためにもこういう事例で考えると、この先何をするべきなのかを考えやすい。こんな校則を読んだ君はどうするだろうか？　リアクションはいろいろだ。

・ありえない。そんなの管理するのはおかしい。
・異性交友とか自分の場合絶対ないと思うけど、これはヒドいわ。
・ヤクザとかスジの悪い人に利用されることもあるから、あるていどは必要だと思う。
・同性恋愛は最初からないっていうこと？
・イセー……コートモ？　……すいません！

ほとんどの読者のみんなは、「ないわぁ。そういうの」と思っているはずだ。
さて、それじゃどうするのか？

そんな法律ありません

ここまで書いてきて、実は一つみんなに告白しなければならないことがあるのだ。黙っていてすまん、謝る。実は、

ほぼあらゆる学校にある「校則」について定めている法律はないのだ。

生徒の髪型や服装について「校則で決めなさい」という法律もないし、あの有名な「学習指導要領」にもそんなことは一文字も書いていない。学校が教育目的上必要だと判断して、それが普通の人の常識で判断して「そうだよな」と思える範囲内だった時のみ、校長先生がそれを決めてもよいと認められているだけなのだ（法律でいうと、学校教育法十一条の「懲戒権」というもので、「教育上必要があると認めるときは」と但し書きがあるし、体罰はダメとはっきり書いてある）。

校則をめぐってこれまで起こった裁判の判決でも、その多くが「校長の決められる範囲を広く認めすぎだ」と注意をしているし、そもそも裁判所の考える「社会通念上合理的と認められる範囲」も、まったくもって曖昧《あいまい》なものなのだ。

少々、話が難しくなってきたかもしれないので言い換える。

学校の校則は法律の裏付けなどなく、校長が「我が校の教育をあまりグズグズにさせないために、常識の範囲で決め、それを紙に書いておく」ものに過ぎないのだ。

だから、校則を変えるとか、無くすとか、そういうことを「生徒の側の権利」としてやることは、今のシステムでは想定されていない。やっぱり、それは校長先生の権限の範囲に属するのだ。だから、いくらなんでも「デートするのに親に届けを出せ」なんて校長に言われる筋あいじゃないと思うなら、それを無くさせるためには、校長先生に「マジありえないんで廃止してください」とお願いするのが段取りになっている。今のところ。

せっかく「おかしくないですか？」ということをなんとかする道が見えてきたのに、「それは校長の権限の範囲です」と言われて、「終わった……」と、早々に決めつけているそこの君。そんなにかんたんに話を終わらせるわけないでしょ？　続きがあるの。


時を移そう。流れを確認する。


学校が「彼氏や彼女とのデートは親に届け出ろ」なんていう校則をキープしている。どうするか？

ありえないと思うから無くしたい。今まで「ま、そういうことになってるんだから、どうしようもないわ」と思ってたけど、根拠も納得していないのに「言うことを聞かせられっぱなし」でいいわけないよ。でも、それは「校長に認められた権限です」なんでしょ？　やっぱ終わってるじゃん。↑イマココ。

でもここから先も、実はいろいろとできるのだ。

大人はわかってくれない？

頭に浮かんだことをざっとメモしてもこんなにある。

・「どんな服を着るか、どんな髪型にするかといった〝基本的人権〟に関わるような校則については、全校生徒会の対話と納得にもとづいて再検討を求めることができる」というとり決めを作る（もしくは、それを校長先生に要求する手続きを決める）。

・署名やグーグルフォームなんかを使ってアンケートとって、「自由で開かれた学校であることをアピールしないと、自分のきょうだいや親戚のいとこや友だちに学校の良さを説得できないですよ」と、いい感じで学校に圧をかける（でも渡す時は、「貴重なデータですよ！　校長先生！　いっしょに素晴らしい学校にしましょうよ！」と言う）。

・隣のクラスの友だちの父さんが日経新聞、母さんが地方紙の記者をしているからお願いして、〝トンデモ校則今もなお〟という記事を書いてもらう。ただし、「こうなった犯人」探しはしないように書いてほしいと頼む。

学校だってそんなにワカランチンのはずがない。校則の話をすると、ついつい心の習慣というか、疑いみたいなものが働いてしまって、「頭が古く、生徒をとにかく管理したがる学校が、子供たちを縛りつける目的でつくったのが校則だ」と思い込みがちだが、校則の生まれた経緯もいろいろなのだ。

中には「うちの子は、このままだと組織系暴力団員か、ろくでなしのプー太郎になるので、学校が厳しくしつけてほしい」という親の強い要望に応えた結果生まれたものだってあるのだ（僕の両親は担任に「悪いと思ったらどんどんぶん殴ってください」とお願いしていた）。

だから、ヘンテコな校則を止めたり変えたりするほうが「校長先生にとっても保護者にとっても僕らにとってもウィンウィンなんですよ」というふうに話を持っていけば、校長先生だって賛成する可能性が高いのだ。なぜならば、悪しき心で人を不幸せにしようとしている先生なんて、地上にはあんまりいないからだ。校長だって「異性交友を親に届けよ」なんていう校則を心の底から信じて、「それを死守すれば我が校の生徒は必ず立派な人になれる！」なんて思っていないはずだ。「問題を起こす子がいる以上、そうそう甘い顔をしていると他の保護者からクレームが来るんですよ」くらいの気持ちなのだ。

僕が中高生だった頃に比べて、もはや「男のくせに」とか「女だてらに」などという性別でものを言うことが許されなくなっている今、静かに、確実に、淡々と伝えればいい。「ジェンダーの意識が高まって、もはや世界水準に合わせる時代に、個人のプライヴァシーを軽く見た、時代遅れの校則を放置していれば、年々中高生の数が減っている少子化の時代に、受験生が心から納得して本校を選んでくれなくなると思いますが、校長先生はどのようにお考えですか？」と。

全クラスの学級委員の連名でそうした要望書を出せば、もはやそれを無視するような学校は新しい時代に生き残れないから、必ず対応してくれるはずだ。

つまり、「校長の権限だからマジ無理」と即断して、どうせ何を言っても世界は変わらないと決めつける必要はないと思うのだ。やるべきことはとりあえず、校則の言うことを聞くならば、その内容が普通に生きる自分たちのセンスとかけ離れていてはいけないという出発点から始めて、「おかしくないですか？」と声を束ねることだ。

全校一〇〇〇人のうち三人だけのクレーマーだと思われたら、ヤベーやつらとなるけど、六〇〇人が「こんな校則では恥ずかしくて胸を張ってこの学校の生徒だって名乗れないです」と静かに態度を示せば、校長や他の先生たちだって、「他校ではどうしているんだろう？」と考え始める。僕たちの社会では、「最近はもうそういう感じがトレンドですね」と浸透してくると、流れが変わるのも速い。おなじみのパターンだ。

合意がなければ約束も消える：社会契約論

まわりと歩調を合わせようとする力が働くのが日本社会なら、それを逆に利用しない手はない。そういう流れをつくるのだって、立派な政治だと僕は思う。なにしろ目的がものすごく普通じゃないか？　個人をきちんと尊重しない、人をものがわからない幼稚園児と同じように扱う校則、しかも法律の裏付けなどなく、校長の常識ある判断を必要として決められているにすぎない校則に、「それはいかがなものでしょうか？」と問いかけているだけなんだから。

今度は逆に、少々硬めの言葉で言い直してみよう。

オレ・ワタシたちのギリギリで持っているあの「まっとうな感覚」にもとづいて、「言うことを聞かされる理由をはっきりさせてほしい」、あるいは「そういう納得のいかない理由では、言うことを聞くことができません」という考えをみんなの「合意」として、校則を決める権限のある人たちに伝える。

政治学の歴史においては、「言うことを聞かせるためには、その理由に納得できる、決め事の影響を受ける人たちの合意と約束が必要である」ときちんと理屈にしたものを、「**社会契約論**」と呼ぶ。「社会」は「決め事の影響を受ける人たちのカタマリ」のことだ。「契約」とは、「納得と合意がない場合は、約束は消滅するのでヨロシク」という意味だ。

人が人の言うことを「まぁ、そうですね。わかりました」と受け入れるためには合意が必要だ。そして、その合意をつくることは、受け入れてほしいと思っている側だけなく、「理由も曖昧なまま人の言いなりになるのは気持ちが悪い」と思う人たちだって、少々面倒くさくてもやるしかないことだ。そして、どうしてもそれがやりたくない、やってもしょうがないと思うなら、やらなくてもいい。でも「なんでそんなことの言いなりにならなきゃならないんだよ？」という疑問とモヤモヤは放置されたままだ。

僕は、これを嫌味抜きで言っている。

嫌なら、やらなくていい。

モヤモヤがどうしても止まらないなら、やればいい。

大事なのは、「それは自分たちで決められる」ということを確認することだ。好きなボーイフレンドやガールフレンドと、映画を見たりスタバに入ったりするのに、親に申請書を出すような人生がエキサイティングになるとは思えないなら、どうでもいいとはならないでしょう?

人生は一回。青い春も短い。

「みんなで決めた」というフィクション

「みんなで決める」にともなう面倒

こうして、言うことを聞く理由にもとづいて、決め事が不都合だったりダサダサだったりした時には、面倒くさいけど、みんなで声を束ねるという道すじはわかった。

そして「みんなで決めたこと」（合意）は、慣れないとその段取りすらわからず、ぼんやりと「上が言っているから」とか「校則だから」とか「そういうふうになっているから」という人々の心の習慣に対抗しづらいこともわかった。それさえわかれば、もう大丈夫……かと思ったら、実はそうでもない。

もう一つ厄介な問題があるのだ。

それは「みんなで集まってやるほとんどの決め事はだいたい失敗する」という問題だ。

「このたび、◯◯会議におきまして、多くのみなさんからご意見を頂戴《ちょうだい》いたしましたが、大変ありがたいご協力を賜《たまわ》り、▽▽ということで〝合意〟いたしました」という定番口上を、君たちはサァーっと流してはいないだろうか？


「合意した」って言ってる。


面倒くさがられることを承知で、またこんなことを尋ねる。

「合意した」とは、どういう状態になっていることを指すのだろうか？

コロナに慣れ、三年ぶりの学園祭が開かれることになり、君のクラスでは何をすることになったのだろうか？　先生の指導が強い学校なら、○○をやるようにと指定してくるかもしれないが、生徒の自主性を重んじるという建前があるなら、「六時間目のホームルームで話し合って、今日中に結論を出して職員室に知らせに来るように」となるかもしれない。とにかく、オレ・ワタシら二年B組の出し物を「いろいろな選択肢の中から選んで」、「きちんと理由を説明して決めて」、決めたことをクラスの四〇人に「受け入れさせ」なければならないのだ。とくにこれまでの話の流れでいえば、「きちんとした理由」が必要だ。

「焼きそば&たこ焼き屋をやる（模擬店）」と決めた時の理由が、クラスでも派手でタトゥー入りの彼氏がいて、自分もバイトとかしてお金もまわっているイケてるグループの女子の一〇歳年上の兄貴が「そのスジのショーバイに顔が効くから」という理由では、ちょっとみんな怖くなってなかなか言うことを聞いてくれないかもしれない。

だから、そういう危ない理由は持ってこられないし、それがダメなら「綿あめとフランクフルトの店」にするのもいいけど、なんだかそれじゃ幼稚園の財政を助けるために保護者たちがやらされている謎の秋祭りと同じで気が乗らない。かといって、解放的なお祭りなのに、「防災ボランティア体験記の発表会」なんてやっても、うーん、もえないわぁ。そもそもクラス四〇人中、学園祭やりたがっているやつ何人いるのかもわかんない。

・学園祭ひさしぶりだから、盛り上がるもんやりたい。ダンス選手権的なやつ。
・焼きそばやタコ焼きの屋台も、マスクして時間短縮ならいいから、そっち系で。
・模擬店やったって全員は無理で、どうせ盛り上がるの「それ系」のやつらだけだから、もっと無難なやつで「やってる感」出しとけばよくない？　ＳＤＧｓみたいなとこに引っ掛けて。
・体育祭も合唱コンもやりたくないのに強制されてるじゃん。じっさい学園祭もだろ？　もう好きなやつだけがやればいい。そもそもなんで「数学コンテスト」とかは強制でやらないのよ？　不公平じゃね？
・塾の講習あるから、できれば最小限でやったふりするか、病欠したい。
・絶対少数だから実現するわけはないけど、新幹線対ロマンスカーの「鉄オタ選手権」とかやってみたい。ダンス系？　一生無理。

でもこれは心中の話だから、実際はどういうやりとりになるのかはわからない。黒板の前に出てきた、懲罰人事ギリギリでクラス委員にされた将棋好きのＳ君も少々投げやりで「なんか意見ないっすかぁ？」と会議は始まる。うーん、温度低い。

最初はみんな様子をうかがって沈黙だったが、「イケてる系」、「なぜか声も態度もデカい系」が口火を切って、少しずつやりとりになってきた。でも、自分の発言が好き嫌いの話なのか、いちおう学生なんだからというスジの話なのか、「あんまりあの連中に目をつけられないようにしておこう」という安全保障の話なのかが、本人たちにもわかっていない部分がある。

そうすると、時間ばかりかかって決まらないし、疲れてくるし、部活あるんだけどとか言い始める。S君は書記に板書させているだけで、舵取《かじと》りしてないから、これじゃ五〇〇〇年経ったって決まらない。

決め事にはタイムリミットがあって、来年までグダグダ話しているわけにはいかないから、どっかで妥協しなきゃならない。でも、そのきっかけが誰にもわからない。オタク君系は、「どうせうちらに関係ないっしょ?」という気持ちだから、教室の右後ろあたりにかたまって、私語と決めこんでいる。

ちょっとムカつくけど、こういう時はやっぱり声のデカイ系の、先生とかにもよくからんでもらえてる、アホのふりしてるけどけっこう鋭いバスケ部女子の「こんなグダグダじゃ、決まんなくね? 一つのことみんなでってやるからでしょ。焼きそば系と、バンド&アート系に分かれてさ、どっちもやらない人はサポートするってやるしかないじゃん?」という提案がありがたい。

クラスで一つって、まぁ、自分たちには四〇人も多すぎるし、先生がなんて言うかわからんけど、とりあえず時間もないし、その辺で投票するしかない。

模擬店&バンド・アート　二一票
SDGs関連の自由研究発表　六票
新幹線vsロマンスカー鉄オタ選手権　二票
白票・無効票　九票
体調不良で早退・欠席　二票

ホームルームが終わったのはもう夕方六時近くだったから、みんなぐったりで、多くのやつは「もう、どうでもよくなくない？」って感じがにじみ出ていた。クラス委員は、担任のところへ報告に行き、みんな、はいお疲れってなる。すると帰りの駅までの道すがら、本当に思うだろう。マジでウザいって。

そして、なにかストンと落ちない気持ちが残るわけだ。それは、「模擬店&バンド・アートに決まったけど、これで決まったってことにしていいのかよ？」というものだ。

だって、本当は学園祭なんてやりたくないってやつも含めて、四人に一人が無効票だったんだぞ？　比率で言ったら、「合意」って言っても五〇%ちょっと超えるくらいじゃん。半分弱は「そんなのやりたくない」って意味でしょ、これ。それなのに先生のところに「いちおう、こんな感じで合意しました」って、クラス委員のあいつは言いに行くんだろ。

ぜんぜん、「意」見、「合」ってないじゃん。
合意じゃなくて、「合意したってことにしておく」と言うことだろ?
フィクションだよ、これ。

「人のせいにできない」という気持ち

クラス委員として、やっと決まった合意をたずさえて職員室に行ったS君もキツぃ。ああいう決定になったことに必ずしもクラスのみんなが納得してない感じがわかる気がするからだ。なんかあんまりウェルカムされてないなぁ、この合意。でも、話し合った結果だから先生に伝える。

「だいたい、あいつが話をちゃんと仕切って、あれこれさばいて、選択肢つくったり、促したり、空気よくしたりする役割ちゃんとやってないから、あんなホームルームになるんだよ」……直接言わないけど、今頃それぞれのグループLINEで絶対おれディスられてんだろうなぁ。だからって、「お前ら勝手にやればいいじゃん!」とかキレたら、それはそれでまた炎上するし、もうクラス委員なんて、なっていいことなんて一つもありゃしねぇよ。

S君の気持ちは想像するにあまりある。でも、読者のみんなは思い出してほしい。それは、この本の前の章にあった大前提だ。

僕たちは立派な人間をお手本にしてもしょうがない。

人間は、物事を決める、とくにそれが自分の利益に直接間接かかわることになると、口では「みんなのため」とか「オレ・ワタシはどっちでもいいけど」とか言うくせに、自分でも正確にわからないくらい、思いのほか自己チューなのだ。そしてそれは程度の差はあれ、だいたいみんなそうなのだ。

だって、本当は学園祭なんてやる暇ないわぁ、って思っている人は、「あいつだけなんで非協力的なわけ?」って思われるリスクは回避したいから、いちおうやる気はあるような顔をしていなければならないけど、実際塾や予備校やバイトでそんな暇ないから、できれば負担の小さいものになればありがたい。だから「自分でやらない人はサポートにまわる」というあの案に一票入れたのだ。そう選択をして決めたのだ。投票で一位になりそうな空気を読んで、あれならみんなが「受け入れる」案だろうと思って。

それを責められるか？　不純だと非難できるだろうか？

ここは責めるよりも、「ま、そんなとこでしょ？　普通の人間て」と、**結論ではなく、「話の始まり」として**押さえておくほうが賢明だ。人間の大中小の自己チューを責め出したら、もう全員が有罪判決を受けるからだ。人のことなど、そうそう言えないのだ。

それならこんな決め事しかできないオレ・ワタシらみんなダメダメなのか？

ぜんぜん（きっぱり）。

適当に自己チューのはずのみんなが、それでも、面倒くさいって思いながらも、腹の中にいろいろ溜めこんでも、本当のことをぜんぶは口にできなくても、クタクタになりながら決め事まで持っていったのだから、ダメなんじゃなくてエラいことなのだ。

冗談や皮肉で言っているんじゃない。全員がワガママで、全員が世界について不完全情報の下で、時間も制限されて、疲れた六時間目に、こんなかったるいことをやったのだから、「よくやった」なのだ。

そして、そうやって頑張った（頑張り方やていどは個人によってバラバラだけど）ことには、ちゃんとご褒美がついてくるのだ。

ご褒美？　そんなホメられることやってないし。

いや、やったの。クタクタになったの。合意なんて簡単にできやしないんだとわかったの。それがわかっただけで、大変なことなのよ。

そして、その結果、ものすごく大事なことを身体で理解したの。

グダグダで、クタクタで、ダメダメな結論（合意）だけど、これはこんなオレ・ワタシらが**自分たちで決めたことだから、誰のせいにもできないんっすよ、ってこと**だ。

これは、僕の好きな言葉で言い換えると、「腹を括《くく》る」ということだ。

政治学風に言うと、「**自己決定の主体としての当事者性を手放さなかった**」というふうになる。

どれだけ上手くいかなくても、どれだけ中途半端な決定でも、クラスのかなりの数の人が賛同していないスカスカっぽい合意でも、「自分たちで決めたことだからこれを引き受けるしかない」と、そこから次のスタートを切るのだ。

僕たちの決め事は、一度やって終わりではない。決め続けるのが生活であり、人生だ。まったくもう、ずっと「決め続けている」のだ。だから、グダグダの決定は、早くも次の瞬間には、次の決定の前提、次の合意のための資料、つまり決め続けることの記録となる。紙に書かれなくてもハートには刻まれる。

でも、そんなにホメられても、モヤモヤは残りますよ。ん？

だって、結局、クラスのほとんどのやつらは、最終的にコスパ基準にして投票したじゃないですか？　そんなんでいいんですか？　気持ち入ってないじゃないですか？　実質、人（他人）に決めてもらっているのと同じじゃないですか？　計算じゃん？　それって。

コスパで決めて何が悪い

クラスの一人ひとりが正しく自分の損得とみんなの共同の損得を両方公平に考慮して、全員が前向きに共通の目的（学園祭！）に向かって歩み、お祭りをエンジョイするのが、立派な学生の、素晴らしいクラスの連帯ということになるのだろう（ううぅ、寒い）。

でも、繰りかえし言えば、ワガママな人間が集まって決め事をするのだから、そして誰もが隣人の身になり代わって感じ、考え、振る舞うことなどできないのだから、そんな僕らに、「公平さと賢明さと熱いハートを持ち合わせた青年たれ！」という抽象的なお手本は役に立たないのだ。これも序章で強調した。

僕たちに役に立つのは、たとえ疲れてグダグダになって、なんだか出来が悪いなとしか思えない合意を、立派なお手本と比べて減点するやり方ではない。次の決め事になった時には、もうちょっとまともで気持ちの入った、成熟した、工夫された決め事ができるための具体的な技法なのだ。

だから、もしこの状況（クソ忙しい季節に気持ちの入らない学園祭をやることになって、それでも「あいつは自己チュー」と烙印を押されないようになんとかやり過ごさなければならない）に現実的に対応する必要があるならば、キレイ事をまくしたてて人々のハートを閉ざすことでも、完全にシカトして教室から逃げることでもない。

バランスをとって、とりあえず「コスパ計算をして多数派に賛同する」という判断は、キャラが薄めで、押し出しも弱く、声も小さく、さえない人間が、教室をサバイバルするためには、ちゃんと残しておかなければならない方法なのだ。卑下する必要はまったくない。生きるためには工夫が必要だからだ。

いろいろな条件を抱える人間である以上、そうやって呼吸と体勢を整えるしかないなら、そうするだけの話なのだ。


そして、それを「政治」と呼ぶ。それを誰が責められるというのか？


立派な人間を基準に、それと自分をぼんやりと比較して、無理に反省して、役に立たない意識高い系みたいなことをしても、世界は一ミリも変わらない。

僕は、この本の冒頭で「立派な主権者になろうなどという目標を捨てよ」と言った。

その理由がここにある。

もし、きちんと呼吸を整えて生きのびられたら、それはもうそれだけでエラいのだ。

「人の言うことを聞くということ」から始まって、決め事の持つ性質にも触れて、自分たちで決めることによって、「人のせいにはできない」という覚悟を持つことができるようになって、それでも立派なやつになることよりも、呼吸を整えるために、コスパも考えて生き抜ければそれでよい。

この一連の話は、僕流の政治学では「**自治の技法**」という名前で説明される。特別な何者でもない自分から出発するものだ。僕は誰も書いてこなかったこの部分を踏まえて、「自治」という政治を君たちに伝えたいのだ。

心の温度が少しでも上がってくれたなら、次の話を進めやすくなる。

次の話は、ここでした話をもっとさかのぼる。
なんとページは進んでいるのに、話はさかのぼるのだ。
大丈夫だ。
ここまで読み続けただけで、君たちはもうかなりグレートになっているからだ。

次は、グダグダと話し合いをするべき「理由」を問う。
よく考えると、その理由はよくわからない。
さて、行こう。

第2章 どうして「話し合い」などするのか

——議論・中立・多数決

話し合いは失敗する

話し「合って」ないじゃん

前の章で、「へとへとになっても、人任せにせず、自分たちがつくった合意だから、それで腹を括《くく》る」として、「人の言うことを聞く理由」を確認して、そのために対話してなんとかかんとかやるしかない（もしそうしたいなら）と言った。

そして、話はさかのぼる。

そもそも、人はどうして議論などするのだろうか？

すまん。やっぱりページが進んでいるのに「そもそも」の話になった。

僕たちは、学校で、街場で、家庭で、「話し合いなさい」と言われ、「対話が大事」と教わり、「議論が必要だ」と耳にしてきた。そうやって言葉を投げ合ってやりとりすることの大切さはなんとなくわかるし、面倒くさい気もするけど、相手が何を考えているのかわからないと困るし、ガスを吐き出さないと心のなかが何かで詰まってしまう感じもある。

でも、そうしたやりとりが「対話《ダイアローグ》」なのか「討論《ディベート》」なのか「議論《ディスカッション》」なのか、あまり細かい区別もなしに、「話し合い」として、いろいろなされてきた（この区別については踏み込まない。その前の部分がとりあえず大事だ）。

こんなことはないだろうか？

中学の時、夏休みが終わったら「マサトシ、部活辞めるってよ」ってLINEに流れてきて、あんなにサッカー燃えてたのに、何であんなにあっさり辞めるんだよと思ったところ、顧問のサカモト先生が「あいつが部活辞めるの、お前らにも責任あるんじゃねぇのか？　話し合え」とか、かん高い声で言ってきたりした。マサトシが辞めるのに何でオレらに関係があんだよと思うが、母さんに話したら「やっぱり、よく話し合ったほうがいいんじゃない？」なんて言う。よくわかんない。

話し合ってどうすんだよ？

でも、金曜日にホームルーム終わって部室行ったら、三年生とかも集まって、「話し合って」いた。はじっこのほうに、当のマサトシがぽつんとパイプ椅子に座って、先輩たちの話を聞いている。よくよく聞いてみると、要は話し「合う」んじゃなくて、マサトシの気持ちを聞いてやることが目的のようだ。「合って」ねぇじゃん。聞いてるだけじゃん。しかも、聞いてどうなるのか誰もわからないし、オレらが今日ここに集まって話を聞いてる理由も、「マサトシ部活辞めるってさ」以外にわからない。でも話し合う。いつもそう。なんか、話し合う。実際は三年がずっと話してる。

クラス対抗の体育祭の実行委員会があるから、全クラスから委員選んで二名ずつ視聴覚教室に集まれとメールがきた。話し合いがあるらしい。行ってみると、「一年や中等部が、あたしら高二の委員会の指示通りにしか動かないから、もっと考えて動いてよ」と説教の時間だった。「こっちもいつまでも面倒見られないから、もっとこのクラス対抗について意識持ってやってよ」ってことだ。何それ。話し「合って」ないじゃん。上からの説教じゃん。でも話し合うんだそうだ。いつもそう。なんか、話し合う。

そうやって日々を暮らして、僕たちの社会は話し合うという言葉を分節化しないままだから、人と人が言葉を通じてやりとりすることの意味や目的が、いつも曖昧《あいまい》なままだ。気持ちを聞くのも、説教受けるのも、受験の進路を決める三者面談で嫌なこと言われるのも、みんな話し合いだ。

そのくせ、学園祭ではB組は何をするのかについては話し合って決めることが要求されるから、話し合いの仕方もみんなバラバラで、結論の出し方も、揉めた時の対応も、ぜんぶその場になってあたふたする。

そんなやり方、教わったことはないし、そもそも担任の先生の職員室での会議なんかをドアの隙間から盗み見してみると、ずっと下向いて、スマホいじって副校長の話を聞いてるふりしているように見える。なんか辛そうだ。それはオレ・ワタシらとも同じだ。どっちかがガーって言って、大体それで終わりだ。

だからいきなり「国会論戦始まる」なんていう新聞やスマホのまとめニュースの見出しを目にしても、反応する気にもならない。「論戦？　話し合い？　聞き出し？　説教？　愚痴？　ディスり？……」、そのうち忘れる。国会で議論（？）だってもう選挙で議席の数は決まってるし、今さら国会で話し合ったって、結局、あのおじいさんの声で「賛成の諸君はご起立願います！」って言われて、テレビのニュースでちょっとだけそのシーンが出てきて、「え？　話し合ったの？」という感じだ。

正しい結論は目的ではない!?

でも、やっぱり学園祭で何をやるかを話し合ったとき、「ああ、早く帰りたいなぁ」って思ったけど、それでもいちおう話し合いになった。こんなバラバラなクラスの意見なんかまとまるわけないじゃんと半分諦めてたし、足して二で割って、余りはチョボチョボみたいなやり方だったけど、いちおうやる前よりも、いくらか発見もあったから、完全に無意味だとは思わなかった。だから、もっとちゃんと話し合えば、ちゃんとした結論も出るような気もしている。そんな予感はある。基本は面倒くさいけど。

やっぱちゃんと話し合わないと。「正しい結論」に近づくことが目的でしょ?

しかし、意地悪かもしれないが、僕は尋ねたくなる。学問の世界で生きていこうと思ってから今まで、もう数え切れないくらいの数の議論の場を経験したけれども、すればするほどまた疑念はつのる。

話し合えば話し合うほど、正しい結論や合意が出てくるのだろうか？　僕たちは、正しさを手に入れるための秘訣《ひけつ》を「もっと話し合いをちゃんとする」ということだと、曖昧に決めつけていないだろうか？

もし、もっとちゃんとやれば正しい結論が出るということなら、どうして国会で決めた法律があんなにポンコツになるのだろう（もちろん良くできた法律もあるけど）？　どうしてちゃんと話し合ったはずなのに、コロナ禍において神宮球場に野球ファンが三万人も入っているのに、小学校の給食の時間に「黙食じゃなきゃダメ！」って注意されて子供たちが食欲を失うみたいなことになったのだろう？　本当に、黙食がもたらす結果をちゃんと議論したのだろうか？　したのなら、どうしてある県の小学校ではマスク外して卒業式とかやっているのに、他の多くの地域では相変わらずつい立てに隠れて子供たちが給食を食べていたんだろう？

ちゃんと話し合っても、正しい結論なんて出ていないじゃないか？

そんなふうに考えたくなってくる。そして、そういう気持ちになるのは無理もないのだ。

なぜならば、僕たちが話し合いや議論をする目的は、「正しい結論を出す」ことではないからだ。

もう一度言う。

僕たちが議論をする目的は、「正しい結論を出すため」ではない。

それじゃ、いったい何のために、あんな面倒くさいことをやるのだろうか？

もちろん、ちゃんと議論や話し合いをすれば、「正しい結論」に近づく可能性は高まる「かも」しれない。しかし、必ずそうなるという保証はない。もし何かの意味で「正しい」結論が出たとしたら（この意味は人によってそれぞれだ）、それはじつに有難《ありがた》いことだ（この有難いは、「感謝する」と言う意味じゃなくて、「そうそうないこと」という意味だ）。幸運だ。偶然だ。ひょうたんから駒だ。つまり、かけた時間に比例して、出てくる結論の水準が上がるという法則はないということだ。時間をかけてしまったために、にっちもさっちもいかない泥沼にはまり込むことだってあるのだから。

じゃあ、どうすればいいんだよ？

いっしょに歩いた道と分かれた場所

僕たちが議論をする目的の一つは、まずは交通整理をすることだ。あらゆる種類の動くもの（大型トラック、普通車、オートバイ、自転車、歩行者など）が、バーっと交差点に来たら、渋滞や衝突など、もう目も当てられない事態となるから、東西南北行きたい方向を順序よく振り分けて、進めるレーンと待っているレーンとを信号で分けて、歩く人と車の人と自転車通行の人のレーンを指定する。

同じように、心根はさほど悪くはないけど、どうしても無意識の自己チューになってしまう人間が集まるのだから思惑もそれぞれで、学園祭でやりたいことも、理由はまちまちだ。「リュウタといっしょに焼きそばつくりたい」という恋心からはじまって、「相鉄の二〇〇〇系車両の美しさをどうしても人々に知らせたい」まで、そして「盛り上がりたい」から、「適当に協力するふりしてやり過ごしたい」まで、じつにみんなの事情は異なっている。だから、事故や無意味な対立や切ないハレーションが起こって、本筋じゃないとこでエネルギーを無駄にしないように、話のポイントがわかるやりとりをしなければならない。そのために僕たちは話し合いをする必要がある。結論の話はまだ先だ。そういう最初の整理だってけっこう面倒だ。むしろ話し合いがあんなに疲れる理由は、たいていここにあったりする。

僕たちは、本当に人の話を聞かない。シンポジウムで（公開研究討論会みたいなもの）、トークが終わって司会者が「フロアから質問があれば挙手をお願いします！　いいですか、『質問』ですよ！　それ以外はご遠慮ください！」って何度も念を押しているのに、マイクを持たせると必ず「演説」を始めるおじさんやおばさんがいる。もちろん悪気なんてない（社会には理由もなく「人の言うことを聞く」人たちがこんなにたくさんいるのに、「話し合い」のルールをお願いされるときは、「人の話を聞いていない」のだ）。

でも交通整理の中には、こういう基本的な「いや、もうその話終わったから！」みたいなツッコミだけでない、もう一つものすごく大事なことが含まれているのだ。それは、

いっしょに歩いた道すじと、分かれ道になったところを確認することだ。

議論をレベルアップする

意見とは、限られた情報の下で（不完全情報）、「ま、こういうことだろう」と、とりあえず切り取っておいたものだ。たとえば、「受験において、入学試験の結果と内申書の点数のどちらを重視するべきか？」については、おのおのの主張に理由や根拠がある。

入学試験派の根拠は、「学力は、最新の実力であって、前半失敗した人にとっては、今をアピールするチャンスだ」となるし、その方が公平だとなる。他方、内申書派は、「内申書は生活態度なども含まれ、試験一発よりも、ふだんの力をアピールできる」と考えるだろう。

この時、前者が「私は一発勝負型だから、四六時中先生に監視されているみたいな内申書は生理的に受けつけない」なんて言い出したら、「言葉じゃない。身体がノーって言ってる」という話になり、それでは「そう身体が反応しちゃうんだからしょうがないよね？」となっ

て議論は中断だ。

逆に、一発勝負のシステムのもとでは、地道に頑張ってコツコツ成績をそろえていくタイプの生徒は、入試当日にインフルにかかって、意識朦朧とする中で失敗し、一年以上の努力が水の泡になって、これまた「世の中は公平じゃない」という思いを溜め込むかもしれない。

こういう時には、どういう話し合いが必要なのだろうか?

両者の言い分にはそれなりの理由があるから、これは勝負を決するというやり方ではあまり上手くいかないような気もする。まずは「苦手科目がたくさんあるから、本番一発で」の好き嫌い判断とか、「試験の朝に大地震が起こるかもしれないから内申でしょ?」なんていう心配性な意見は心にしまっておいてもらう。

やるべきは、「どこまでは同じ道を歩いてきたのか＝何についてまでは意見がいっしょなのか」を確かめることだ。そして次に「どこで違う道を行こうとしているか＝何をめぐって選ぶ価値が分かれてしまったのか」を確認することが大切で、それがわかると、本当は「何と何をめぐって意見が分かれてしまうのか」が、話し合う前に比べるとはっきりしてくる。

内申書主義も一発主義も、「自分の学力をちゃんと公平に評価してもらいたいと思っている」ところまでは同じ考えで、そこまでは同じ道を歩いてきたのだ。

でも、分かれ道は「学力は、時間をかけて、何度も試験をして、教室の中での学習態度や意欲などたくさんのデータから判断して決める方が公平だ」という考え方と、「そんな長いあいだ成績や試験を気にして、内申書に縛り付けられることでは実力が出せない者もいるし、そもそも学習の態度とか意欲など先生との相性に左右されるし、一生懸命なふりをするのが得意な生徒は、学力じゃなくて演技力を見られることになるから不公平だ」というところぐらいから分かれ始めることがわかる。

そうなると次に論じるべきことは、「内申書vs一発」という対決の是非じゃなくて、「果たして学習の意欲や態度を正確に評価することは可能なのか否か？」ということになる。そして、そこから「そもそも学力とは何なのか？」という極めて重要な議論（これは教育の世界における永遠のテーマだろう）につながる。

それがわかるとどうなるか？

学力＝反復的訓練を継続する力
学力＝不定期に現れる個々人の持つ「ひらめき」や「瞬発力」

両者の足の置き場の違いがはっきりしてくる。

それじゃ、その後はどうなるのか？

正しい結論はどちらになるのか？

どちらが正しいかは、議論そのものの中からは出てこない。

そこから先は、その時代、その状況、その時に生きている人たちにとって、どちらのほうが「説得的であるか（なるほどと納得できる筋道になっているか）」を、いずれかの段階でえいやっ！っと**決めなければならない**のだ。だから、時代が変わり、状況も変わり、生きているメンバーが変われば、説得力レースの結果は変わることもある。一発主義の「ひらめき」が高く評価されたり、逆に内申書主義の「粘り強さ」の素晴らしさが、より説得的な言葉で語られるようになれば、判断は変わりうる。

ただし議論を意味あるものにするために、絶対にしておかなければならないことがある。どういう道をたどって、どういうふうに共に歩き、どういうところで判断が分かれたのかを「**記録しておく**」ことだ。

それを軽視したり怠ったりすると、次の世代になっても相変わらず、「オレ・ワタシ、国・数・英以外やる気しないから」とか「歌がうまいんだから好きな学校行かせてよ」といった交通整理からまた始めなければならなくなるし、先人たちが到達した地点からずっと戻って、前の地点からやり直しになって、僕たちの話し合いの成熟度を上げることにならない。

まとめる。

議論をする目的は、渋滞道の交通整理をすることと、いっしょに歩いてきた道と分かれ道とを確かめて、その理由を突き詰めて記録しておくことだ。

「ここまでは、この点について対立していない。同じ気持ちや価値観を抱え持っているのだ」と確認できると、意見の異なる相手に対する見方も気持ちも変わってくるのだ。「あんなに強い言い方し合うほど、意見が違うわけじゃないじゃん」と。

こうすると脳とハートのバランスが良くなって、「脳はクールに、ハートは熱く」という、いい感じのコンディションになる。ワンランク上の話し合いになる条件ができてくる。

このように、議論そのものからは答えを導き出せない理由は何か？

それは、僕たちがみんなそれぞれ偏っているからだ。

言い間違いじゃないぞ。「全員、偏っている」のだ。

偏りを確認するために

幸福という基準――人間はみんな偏っている

また君たちに若干のメマイをもたらしてしまったかもしれない。

議論をして、いろいろまず整理して、確認して、レベル上げるんじゃないの？　ダメじゃん。偏ってたら！

そう反応した諸君もいるだろう。すまん。知性が成長するために一番必要なのは「長時間勉強」でも「わかるための秘訣（近道）」でもないのだ。

メマイなのだよ。「何よ!?　それ？……」という宙ぶらりんの感じのことだ。

人間はみんな偏っている。

これを考えるためには、その反対を考えればいい。「偏っている」の反対語は、「バランスがとれている」、あるいは「中立的だ」となるかもしれない。

じゃあ、尋ねてみる。

この世の中に、「中立」なんてものが本当にあるのだろうか？

僕の子供の時代は、父親世代が、勇ましいことを男らしいこととイコールだという前提で、「男なら歯を食いしばれ！」と、何かにつけて食卓で男の子を怒鳴りつけた（そういう世界と時代に教育を受けてきたから仕方がない。責め過ぎちゃいけない）。

でも今は、僕が食卓で「男気見せろよ」なんて中学生の息子に言うと、「お父さん、その発言、今日的にはナシだから」と返される時代になった。各世代において、推定で五〜六％くらいは、いわゆるＬＧＢＴＱ（レズビアン、ゲイ、バイセクシュアル、トランスジェンダー、クエスチョニングといった多様な性のあり方）の人が含まれることが前提となった時代だ。これは、大人の世界だけではなく、今や小学校の教室ですら踏まえておかなければならない。授業も、それを慮《おもんぱか》ってなされている。

こういう状況だからこそ、「同性婚（男と男、女と女の結婚）」を結婚として法律的に認めるか否かをめぐって、今なお折り合いをつけられない人たちもいる。そして、この対立は時として感情的なものとなって、相互に強い罵倒や非難をともなってしまう。

僕が、この問題について確信をもって言えることは一つしかない。それは、「今、目の前で懸命に生きている人々が、なるべく幸福感を手にして生きていける社会であってほしい」ということだ。

しかし、この問題は人類の歴史の重み、生物学的理由、宗教的な想いなど、いろいろな考え方をもった車が行きかう「三車線の交差点」のようになっているし、なかには「人生をかけて賛成・反対する」という人たちもいて、どうしてもすごく強い衝突となる。そしてこれは、「真実とは何か？」という話とは別の、選択の問題、つまり前に説明した意味での「政治的」選択の問題だ。

同性婚を認める。

同性婚は結婚ではない。

はたして、この二つの真っ向から対立する意見に中立はあるだろうか？

同性婚を認めない側の人は、同性婚「も」認めていいじゃないか、というフラフラした意見を認めない。それでは同性婚「を」認めることになってしまうからだ。

「同性婚を認めない人は無理して認めなくてもいい。認める人が認めれば」としても、話は同じだ。認めない人たちは「自分がそうであってもなくても、社会がそれを受け入れることに絶対反対」だからだ。その人たちは、「そういうことは人間の道徳に反する」とかたく信じていて、そこから出てこない。

このとき中立的立場は？　真ん中は？　どっちも歩みよれるエリアはどこ？　ない。

同性婚を認めないなら、いっそのこと異性婚もダメってことにする……いやいや、それでは多くの人たちの価値観に反してしまう。

同性婚したい人たちには重税を課す……ダメに決まっている。金を支払わないと幸せになれないという無茶苦茶な話になる。人権を踏みにじることになる。

同性婚をしても届けを出さなくていいことにして静かに見守る……今まさにそうやって問題を先送りにしているから、いろいろ不都合や不公平が起こっている。振り出し。

だめだ。やっぱり。中立なんてない。

どれが最も納得できるか

同じことは、君たちの孫の孫の孫の孫の孫の……一〇万年後くらいの時代にならないと毒が消えない放射性物質を出す原子力発電を「もう止めよう」という主張と、「小型で安全なものを作れば大丈夫」と考える人の間でも起こる。

中立地点を探して、一〇万年と今すぐの間をとれば五万年後だし、およそ五〇基の原発全廃とぜんぶ再稼働の間だから二五基を維持して半分にする……ぜんぶ真ん中で良くないですか？　……ナンセンス（意味ないじゃん）。

こうしてみると、「その意見は偏ってます。もっと中立じゃないと」という言い方が成り立つのは、本当に限られた時だけで、もっと言えば、「基本、どっちでも良くないですか？」みたいな軽い問題の時だけだとわかる（幼児のきょうだいげんかとか）。

だから、議論をする目的は、正しい結論を出すことでもなく、勝ち負けを決めることでもなく、必ず「どれが一番、納得感をもたらせるか」にかかっている。中立を求めて議論するなどエネルギーの無駄だ。

すでに議論する目的の重要なものの一つを、「どこまで同じ道を歩いてきて、どこから分かれ道になってしまったのかを確かめる」と確認したのだから、それは言い換えると、「分かれ道以降、それぞれがどういう偏った考えなのかを確認して記録しておく」ということだ。つまり、人間の考えは世界のことをぜんぶ把握していない以上（序章の「不完全情報」）、全員偏っているから、記録とは、そのそれぞれの偏りかたを理解して紙に書いておくということだ。

議論とは、最初から全員が偏っていることを前提にしている。

だから「あなたの考えは偏っている」と言ったときには、「◯◯という基準を設定したとすれば」という断り書きをつけないと、あまり意味がないのだ。クラスのホームルームでも同じだ。空気をまったく読まないアキラ君が、「そもそも学園祭やること自体に反対！　やめようぜ！　くだらねぇから！」って提案したときに、先生に忖度しバランスのとれたユイちゃんが、「それはいくらなんでもないよ！　偏りすぎ！」と言ったところで、「学園祭は何がなんでもやらなきゃいけない。先生もそう言ってるし」っていう偏った意見からすれば、アキラは偏ってるけど、アキラからすれば「偏ったこと言ってんじゃねぇよ」という話になる。こういうのをカタい言葉で相対的という。

だから、ある意見が偏っているかどうかを決めるのは、その内容ではなくて、**「誰が偏りの基準を決めるのか？」**ということになる。そして、そのためのマウントをとることを政治という。「この基準で考えてね」と**言うことを聞かせよう**という、あれだ。

この世には中立などというエリアも立場もない。基準しだいでどうにでも変わる。だから議論をする目的は、全員偏っていることを前提に、どちらの偏りのほうが人の心を動かす言葉を用意できているのかを基準に、それぞれの人が品定めをするための準備作業だということになる。

自分が「偏っている」なんて言われて不安になっている諸君よ。心配はいらないよ。全員そうだから。中立なんてない。

「論破」に含まれているもの

勝ち負けとは別次元のもの

とっ散らかった話を、「整理する」、「分かれ道を確認して記録する」、「同じ道を歩くことはあっても基本は偏っている」という三つを押さえたところで、いま若い層に人気のある、そう、えーと「ともゆき」さんだっけ、あの人が言ってる「論破力」というのが何なのかを考えてみようと思う。

この言葉については、いろいろな話の流れで、売り言葉に買い言葉というやりとりになって出てきたり、まさに若い人たちが、面白がってあまりいろいろ気をつかわずに「はい論破！」なんて使ったりするから、もともとどういうつもりで「論破！」なんて言ってきたのかもだんだんわからなくなっている。

でも、いろいろなやりとりを見直すと、ともゆきさんの言っている論破というものが、**説得するための話の内容やその揺るがない組み立てではなくて、人に説得をするさいの話し方、**

空気や状況のつくり方の話だということは、もうわかってきている。議論している人たちの勝ち負けを決めるのは、議論している人たちを観ているテレビやYouTubeの司会者や観客のフィーリングや受け止め方だということ。

だからここで言う「論」を「破る」とは、「言い負かしたという印象を観ている人たちに与える」こと、つまりこれは言論の力じゃなくて、空気づくりの演出力の話だということだ。理屈の組み立てや、そのスキのなさじゃなくて、「そういう感じと流れをつくり上げる」あの手この手ということになる。

人に「なるほど」と思わせるために、いろいろな工夫をすること自体は別にそんなに悪いことじゃない。わかってほしいという気持ちを表現するためには、大事なところがきたらアイコンタクト（相手の目をしっかりと見る）をとる必要もあるし、大きな声を出さないで、淡々と、そして重要なポイントのところを「わざと声をひそめてゆっくり話す」というのも重要なテクニックだ（これは大学の講義でも僕がよく使う技法だ）。

しかし、これは自分の言いたいことの理屈をきちんと組み立てて、その上でハートを伝えようとする中で生まれてくるものだから、話の内容がウソだったり、事実の裏付けのない決めつけだったり、自分の思い込みを気ままに「みんなも言ってますけど」とすりかえたりすることで、聞いている人に「その気にさせる」ということなら、それはもう議論でも話し合いでもない。

ここには、議論をするために絶対に必要なものがないからだ。
それは、「この言葉のやりとりをすることで、自分のこれまでの思い込みや考えの組み立て方が変わる可能性があるのだ」、「優れた言葉のおかげで自分が成長しうるのだ」という、

自分と相手と言葉に対する信頼だ。

僕が少し前に、知的成長とはメマイを起こすことだと言った意味は、まさにここにつながっている。誰でも自分が強く思い込んでいることに揺さぶりをかけられていることを認めたがらない。なぜならば、その前提が崩れると、自分の主張そのものが動揺してしまうだろうことをどこかでわかっているからだ。正しいと思っていたことが「そうでもなかったのだ」ということに直面するのは、しんどいし辛いことかもしれない。

しかし、それを避けて、あまりに恐れて目をつぶれば、そこで言葉のやりとりをする者としては成長と発展は止まる。恐怖に直面しなくて楽ちんだが、本当はその後にもっと怖い事態、つまり「大雑把《おおざっぱ》で荒っぽくて不正確で思い込みばかりが強いわりに、人の納得を得られない物言いばかりになること」が待っている。

だから知的に豊かに大きくなるためには「自分は間違っているのかもしれない」という慎ましい姿勢と、自分の考えを変える可能性のある他者と言葉への敬意がなければならない。

自分を揺さぶる言葉に会った時には「え？」と思う。それがメマイだ。でも「その後」が決定的なのだ。理屈の組み立てを丁寧にたどっていって、「そういうふうに説明されれば、

なるほど自分の考え方も違って見えますね」ときちんとお腹に落として確かめる勇気が必要だ。

だから、議論をする時に一番成長を手放す、議論することの意味を台無しにしてしまうのが次のような言葉だ。痛いところを突かれる、動揺させられる、どこかで自分の言っていることのいい加減さに気づいた時に、勇気がなくて言ってしまうアレだ。

それって、あなたの感想ですよね。

これを別の言葉に言いかえると、「僕は僕の言うことの根拠を再確認なんてする気はないですよ。だって僕がそう思うんだからそうなのであって、あなたはあなたで違うんだから、それはあなたのフィーリングでしょ？　つまり感想なんだから、あなたの負けってことで、ほとんどの人がそう思ってるはずですよ」になる。

何を恐れているのか？　何がそんなに怖いのか？

そして、やっぱり聞いてみたくなるのだ。

あなたは、人と議論をして、そのことで自分が変わりうるのだという前提がありますか？

あるならば、「それは感想でしょ」ではなくて、あくまでも「その主張の根拠」を問うように尋ね返せばいいのであって、相手が言葉を返せないような舞台風景をつくり変えるようなことをして、あなた自身の言葉が研ぎ澄まされたものになる可能性を自分で捨ててしまっていませんか？

もし変わりうる自分という前提がないなら、何のためにあなたは人と議論をするのですか？

そして、一番聞きたいのは次のことだ。

あなたは、他者との議論において本当は何を一番失いたくないのですか？

言い負かして何を得る？

相手を言い負かしたり、誰かが誰かを論破しているシーンを観ることは気持ちがいいのかもしれない。なぜならば、人は自分の心の中にどんなイライラやフラストレーションを溜め込んでいるかを、自分でもあまり正確にわからないから、そのイライラを解消してくれるような場面や人の行動を観ることでスッキリすることがあるからだ。自分の代わりにやってくれて、あたかも自分が「はい論破！」って言い負かしているような気にもなってくるだろう。勝った！

そういうことはあると思う。

僕だって、そういうやりとりを目にした時には（とくにやり合っている片方の人をあまり好きでなかったりした時）、ちょっとスッキリすることもある。でも、それは思い返せば、わずか一〇秒くらいの間だ。スッキリした一一秒後には、なにやら虚しい、切ない、明日につながらないやりとりに加担してしまったという気持ちが訪れる。

それは、基本的には議論というものとあまり関係がない出来事だ。

理屈と理屈を競わせて、どちらの方が論理的に相手の主張の妥当性（なるほどと思える性格）を上回る物言いになっているかをぶつけ合う競技を「ディベート」と呼ぶ。これは、外国、とりわけアメリカの教室でトレーニングのように行われるものだ。ディベートには、あくまでも自分の理屈を説得的にするための技術を鍛えるという目的があるから、ゲームのような発想が必要で、そのために自分の気持ちとは逆の立場にチームを入れ替えて競い合うようなこともなされる。あくまでも技法の熟練のためだ。

そういうトレーニングを僕は否定しないし、実際に大学一年生の少人数教室でかつて「電車の中での化粧は許されるか否か？」というディベートをしてみたことがあった。熱く主張した直後に、「はい！　反対と賛成を入れ替えてもう一度やってみよう！」と言った時の学生の戸惑う顔はおもしろい。「いや、先生！　無理っすよ。心にもないことは言えないです！」と苦しそうに言うので、「心にもないことを、あたかも正しいことだと、冷徹に言えるようになる訓練だからやってね」と説明した。けっこうできる。

でもこれは、技術のトレーニングだ。その土台には、「そもそもどうして話し合いなどするのか？」というものがあって、そこに先ほど言った自分と他者と言葉への信頼が存在しないなら、テクニックはあるけどハートがないロボットが目的のない勝敗決めをしているだけになる。

勝つ？　何に勝つのか？　勝つと何が得られるのか？
負ける？　負けると何を失うのか？　負けると終わりなのか？　何が？

そろそろわかってくれたと思う。
論破力とは、言い方や雰囲気を通じて相手を嫌な気持ちにさせて、自分が変わろうとする勇気を封じ込めてしまうとても臆病なやりとりを、格好よく言い換えたものにすぎない。

でも僕は、この言葉を不適切に使う人たちを決して責めたくはない。論破力という言葉は、心が苦しいと感じている、自分と同じ、勇気が少し足りない人間が頼りにする（だからこそ）「強い言葉」だからだ。

でも、本当に強い者には、強い言葉は必要ない。「はい、論破！」と言って、苦しい気持ちの誰かが、何かを守っている。責めてはいけない。彼・彼女らを守ってやらねばならない。

多数決＝民主主義？――とりあえずの風速計

多数決と民主主義は関係がない

「言い負かす」とか「バッサリとやる」という言葉を、実際の政治の現場でイージーに使うと、僕たちの問題を解決するための「選んで・決めて・受け入れさせる」という政治の流れも、かなり強引なものとなってしまう。

今の君たちの教室では、昔に比べると民主主義という言葉が登場する頻度が下がっているから、「それって何だっけ？」と尋ねられた時には、何だかぼんやりとして、ギリギリのところで「多数決のことですよね？」と苦しい答弁となる。無理もない。

そこにクリアな言葉をあてがうことができる大人もたくさんはいない。先日、君たちの両親ぐらいの人たちが集まったイベントでスピーカーとして話をしたが、民主主義をそれなりの自信をもって説明できる大人はあまりいなかった。おそらく脳内に「タスウケツ……？」という音がよぎったかもしれない。

大事なことをいきなり言うのがこの本の特徴のひとつだから言っておこう。

民主主義と多数決は基本的にはほとんど関係がない。

誤解が積み重なっていることはもう一度念を押して言っておかねばならない。

「多数決 ≠ 民主主義」である。

何を言っているのか、この教授は？　眉をひそめた諸君もいるかもしれない。しかし、そうなのだ。すまん。これもまた今まで黙っていた。謝る。

たとえば、クラスの学園祭の出し物を決めた時のことを、ページを戻して振り返ってみてほしい。授業の後のホームルームのよどんだ空気と、なかなか決まらないイライラと、いくえにも重なる相手の気持ちへの先回りなどで、クタクタになった、あの光景だ。

あの「模擬店やる人はやって、アート＝ミュージック系もやって、残った人はサポにまわる」という結論は、過半数をわずか一票上回っただけのギリギリの決め事だった。だから、「決まったって言ったって、半分くらいのクラスのやつに推されてない」から、「こんなんでいいのかな？」とモヤモヤしたのだ。でも、一票でも多いのだから、「合意が成立したかどうかはかなり怪しいけれど、成立したことにする」となったのだ。そう。モヤモヤしてギリギリだったのだ。

そこに、クラスのひとりの苦労人で弁が立って、口ぐせが「勉強してから言えよ！」のトオル君が出てきて、「決まった以上、ガタガタ文句言うなよな！　決まったことが不満なら、もっと頑張って多数決で勝てばよかったんだよ！」なんて言ってきたら、みんなはどう思うだろうか？

「決まった以上は仕方がない」とキッパリと先に進むのだろうか？

「決まったけど、本当には合意はできてない」とモヤモヤするのだろうか？

こういう時に、多数決＝民主主義と決めつけてしまうと、こんなことをさらりと言ってしまうのだ。

「投票に勝った以上、あとは勝った側がぜんぶ好きなようにやるからな」
「え？　それはちょっと強引なんじゃない？」
「悔しかったら勝てばよかったんだよ。文句言う資格ねぇよ」

こういうことは起こるものだ。

ちなみにこの強引な理屈を政治学では「多数決の勝者への統治の白紙委任」と呼んでいる。議会で過半数を獲得した党派は、その後の議会運営をすべて自分たちだけの決定でやってよいという権限を得たのだ、という理屈だ。「**勝者総取り方式**」なんていう言い方もある。

中高一貫六学年で一学年四クラスあり、クラスごとに四〇人いるとする。各クラスの意見を聞いて、ぜんぶで二四クラスの意見を集約して合意を作ろうとするなら、ひとクラス四〇人のうち、数字的には各クラス二一人賛成すれば、全校生徒九六〇人中、五〇四人しか賛成していなくても二四全クラスの意見の合計となる。

そしてこれが「合意してないのに合意したことになってしまう」多数決のマジックだ。全クラス二四の意見が同じなのだから、それを受けた運営委員会は、フリーハンドで何でも好きなように運営できることになる。というか、「好きに運営できるはずだろ？　多数決なんだから。民主主義なんだから」と言われてしまう可能性がある。

でも、限られた時間の中で、およそ「このあたりで決めておいて、細かいところは、いろいろ意見の違いがあることをふまえて、進めていこう」と考えているモヤギリ派からすれば、ちょっと待ってよ、である。

学園祭でのクラスの出し物の話に戻せば、なかなか難しいことだとわかってはいるけれど、できれば決め事に関して大きな意見の違いを残して先に進めていきたくはないと多くの人は思っているのだから、「出し物は◯◯に決まりました」という多数決の結果があったからといって、それに賛成する人たちが「基本ぜんぶオレ・ワタシらの好きなようにやるから」ということまで認めたわけじゃない。

あくまでも、多数決というのは、時間の制限の中で、**「今、この時点での最大風速はどれくらいか？」を計測したもの**に過ぎないのであって、人間の考えや気持ちはまさに天気のように、あるいは別の事情（先生が突然、「ＰＴＡからの寄付が増えて予算が二倍になった」と言ってきたり）で変わりうる。

だから、本当に正確にみんなの気持ちや考えを反映させたければ、できればもっと頻繁に風速と温度と気圧の計測をしたほうが、よりモヤモヤの少ない決定になるはずだ。でもそう測定ばっかりやっているわけにはいかない。だから、「確かにあの時の風速はあれくらいだった」という記憶を残しつつ、それでもみんなの様子を見て、話して、聞いて、なるべく多くの人のエネルギーを集めて進めていきたいのだ。

学問的な定義はちょっとわきにおいて、「**多くのメンバーの力やセンスをなるべく集めて、一人ではできないことを協力してやるための方法**」くらいに民主主義を考えれば、やっぱり「多数決 = 合意」とざっくりとやってしまって、「後はフリーハンドだから」というのは、逆に民主主義に反するやり方なのだ。

その意味で、じつに面倒くさい。民主主義とは。時間もエネルギーもかかる。

でも、そう考えれば、僕たちがどうして議論などという面倒くさいことをやるのかがわかるだろう。どうして「はい論破!」と一〇秒だけ爽快な気分になってもしょうがないのかがわかるだろう。どうして、合意をつくるということが、基本的には上手くいかないのかがわかるだろう。

「やれやれ。そんなウザいことばっかりなら、もういいよ。ともゆきさんとトオル君に決めてもらえばいいじゃん。そうそう風速の測定ばっかりやって、また戻して、話して、帰りも遅くなって、疲れるし、どうせ何割かは最初からあんまりやる気ない人もいるし」……そう考えたくなる。

僕だって、時々そういう気になることもある。職場の教授会なんかでも、時々本当に疲れてしまうこともある。

空気ではなく言葉を読む

でも、多数決で勝ったんだから勝ったやつの総取りでよしとすると、その後とんでもないことが起こった時には、もうあまり止める方法が残されていないのだ。なぜなら、「多数派にぜんぶゆだねるって決めたじゃないかよ！」と声のでかい、押し出しのいい連中が強気で封じ込めてくることが多いからだ。

君たちも知っているあのドイツのヒットラーが首相になった時、議席の足し算で多数を握っただけで「憲法を停止してすべての権限をヒットラー個人に与える」という無茶苦茶な法律を、わずか四〇分の議論（のふり）でガッシャーンと決めてしまった。その後、ドイツが破滅寸前まで追い詰められる侵略戦争をしたことは有名な歴史だ。そういう歴史の教訓を知っている以上、言うことはこうだ。

多数決は政治の道具の一つだが、それを使うためには「何のために議論するのか」をみんながそれなりに共通して理解していることが必要だ。

「そんな（ヒットラーのような）ひとりの人間に、全国民の運命をゆだねるようなことをしてはならないと思う」と、勇気をもって発言した者に対して、君たちはこう言えるだろうか？


それって、あなたの感想ですよね？

ヘンテコリンな決め事がなされる時は、多くの場合は話の中身や理屈の組み立てのできの良さ悪さではなく、そういう方向に行く空気だったし、流れ的にそれに逆らえなかったしモヤモヤしてたけど、キャラを変えるわけにはいかなかったからしょうがなかったという理由でそうなる。空気や流れやキャラ演じではなく、言葉を行き交わせて議論をすることは、面倒でもやっぱりものすごく大切なことなのだ。


空気じゃない。言葉を読もう。話そう。「そうかなぁ」でもいい。

話そう。モヤモヤし続けるかもしれないけれど。

話そう！

でもいいよなぁ。岡田さんは。

……え？

話せるじゃん。言葉使えるじゃん。言えるじゃん。
みんなの前で。キョージュだし。

ん？　そうだけど？

オレ・ワタシ、言えないんだよ。い・え・な・い、のよ。

そうなのだ。実は、まだそこの話に触れていないのだ。
というか、これまでの政治や民主主義の本は、だいたいみんなここに踏み込まないで、その手前で「言いましょう！」「声を上げましょう！」「シュタイテキなシミンになりましょう！」と呼びかけて終わりにしたのだ。
つまり「言えない人たち」のことはとり残して、先に進んだのだ。

しかし、この本は違う。言ったでしょ？「はじめに」で。

まだ誰もトライしたことのない本を書いたんだって。

「言えないよ」だったよな。

言えないよな。そうそう言えない。言えれば言うが、言えない。

そのことは、きちんと受け止める。そして、ちゃんと言っておく。**言えないこと自体は、善悪や正誤の話とは関係がない、と。無理に言わなくても、まずはそのままの君たちを肯定する、と。**

でもそれは放置するということではない。そんなことをするはずがない。

君たちの居場所を言葉にしておくということだ。

黙っているが考えている

ケース1　自分の経験の範囲を超える

ホームルームがある。決め事がある。その決め事しだいでは、生活に影響が出る（学園祭にかまけてたら他のことができなくなる。部活、バイト、家の手伝い、自由な時間、デート、エトセトラ）。だから決して無関心というわけではない。できれば自分の都合のいい決め事になればありがたい。そして、決め事をめぐってクラスが悪い雰囲気になると憂うつな気がする。

だから話したり、ものを言ったりする動機は十分ある。

でも、動機があることと、みんなの前で声帯を震わせることは同じではない。言いたいことがないわけではない。でも、おいそれとは言えない。言いづらい。そもそも、それオレ・ワタシらが話し合うことじゃない。範囲を超えていて無理だ。

法律が変わって、一八歳の高三の生徒が有権者になった。だから選挙に行くことができる。選挙する以上、政治家や候補者を品定めしないわけにはいかない。笑顔が可愛かったり、言葉巧みに演説をできたりしても、「この壺を買わないとあなたのお母さんは重い病気で死にます」と脅してお金を集めているような団体のメンバーだったら困る。だから、それを確かめるための場に出向いたり、そういう心配のある人に街頭で質問をしたりしなければわからない。それは、憲法に書いてある権利だから、本来誰からも邪魔されてはいけない。

でも、いくつもの県では、「政治に関わる時には学校に届出をすること」と指導している。これは憲法の原則からするとおかしい。誰からも邪魔されることなく自由に行使していい権利（政治に参加する権利）であって、自分で判断して決めていいことなのだから、それを学校に届け出る義務などない。本当だ。

しかし、学校や教育委員会は（今やあまりそういう心配は必要ないと思うのだが）、一八歳のまだ就職の経験も社会人としての経験もない学生（もちろん、もう働いている人もいるが）が、過激な政治活動をしている人に巻き込まれたり、それこそ壺を売る団体に利用されたりといった危険から生徒を守ろうという気持ちが強いから、どうしてもやや過保護な扱いをすることになってしまう。高校生有権者の扱いについての経験値もまだそんなにない。

県の教育委員会が「高校生の政治活動は学校に届出をすること」と決めていることは、憲法違反であるのかないのか？

これをきちんと判断することは、もともと世界にはどうして憲法があるのかを考えていけば、さほど難しい問題ではない。でも、そういうことを順ぐりに丁寧に考える教育は、あまり十分になされてこなかったから、現時点では、これを考え、判断し、提案し、抗議し、撤回させるという決め事をする、そしてそのために議論をするということは、理屈のレベルではなく、現実に与えられた条件としては、かなりキツい。だから、こういう話に関しては、生徒たちが話し合いをする範囲の中なのか外なのかが、学校内では決めづらいのだ。

学生運動の活発だった時代（一九五〇～一九七〇年代）は、高校生も普通にデモをしていたし、バリケードをつくって立てこもったりもしたから、高校生の政治活動をどう考えるかは、さほど悩ましい問題ではなかった（明治や大正の時代に生まれた当時の親たちにとっては十分に悩ましかったが）。でも、あの頃と今とでは条件や状況は著しく変わってしまったから、そういう変わってしまった状況や環境を無視して、「いや、憲法に書いてある！」と正しいことをそのまま叫んでも、君たちの肉体は動かない。身体が起動する前提と基礎が、五〇年前の高校生とは違うからだ。

やっぱり、中高生という目線で世界を眺め、中高生という立場でこの社会と向かい合った時、「それはオレ・ワタシの範囲を超えているからそうそう言えないし、話せない」ということはあるのだ。しょうがない。無理もない（でも、「本来はそういうことは法律的に権利を持っているのだから、高三の生徒が自分で決めればいいのだ」という原則は常に唱え続ける必要があると僕は思う）。

以上は、比較的わかりやすい「話せない理由」だ。そうそう話せないし、そうそう言えない。順番や経験を踏まえないと、権利がいくらあろうと言えない。

ケース2　言い方がわからない

言えない理由には、言いたいけど「言い方がわからない」というものもある。言い方なんて自由でいいじゃんという意見もある。基本的には僕も中高生が議論をするときには、そんなにうるさく縛る必要はないと思う。言い方にケチをつけられると、ときには本当に腹が立つし、だいたい中身をちゃんと聞いていない人に限って「言い方が悪い」とか文句をつけるのだ。だから、とにかく声帯を震わせてみるだけでもいいと思っている。

しかし、これもまた「言える」大学キョージュの目線の物言いなのかもしれないのだ。

自由に言えばいいって言われても、クラスのあのイケてる系の、なんか話が上手くてサラサラ言葉が出てくるやつにガーッて言われると、もうなんか返せないんだよ。思わず唾を飲み込んじゃうのよ。それに返し方がよくわからないから、なんだか面倒くさくなってしまって、「うぐぐ」とか心の音が鳴って、黙ってしまう。

じゃあ、言い方とかを習ったのかって聞かれたら「ノー！」だ。小学校からずっとここまで「書き方」とか「計算の仕方」とか「いいです！」の指の合図とかは習ってきたけど、「話し方」についてはあまり記憶がない。そういうのを教えてもらう時間とかあったのかもしれないけど、たまにやったってそうそう身につくものじゃない。だってそういう言葉を使う生活の場面と結びついてないんだもの。そういうのは、家にいる兄貴とか母さんとかが超おしゃべりとか、妹と口げんかするのに負けないようにしようと思っていたら自然とガーって言えるようになってたとか、そういうことがないと身につかないのだ。

お父さんは食卓で朝ごはん食べながらスマホ見てるし、朝ごはんなのにもうお母さんに「昼飯どうすんの？」とかクソつまんないこと聞いてるし、お兄ちゃんとも一年に五回くらいしか話さないし、みんな勝手にスマホ見たりテレビ三か所で観てたりして、基本的に会話がない家だから、しゃべるの苦手。だから、クラスでもやっぱり地味系グループで、無口でおとなしい子には先生もあんまり話しかけてこないし、そうやっているうちに「話したりとか、あたしらのやることじゃないし」みたいな、心のクセができちゃってる。

そんな気持ちでいる人もたくさんいるかもしれない。

僕がちょっと前までやっていた小学校のＰＴＡ会長の経験を振り返っても、僕より前は会長職だけなかなか決まらなかったそうだ。そして、それはどこのＰＴＡでもそうなのだ。会長になって、他の保護者のママなんかと雑談して知ったのだが、僕が「どうして『副会長ならいいです！　でも会長はマジ無理です！』ってみんな言うんだろうなぁ？」って尋ねたら、間髪入れずにこう言葉が返ってきた。

だって人前で話すぐらいなら死んだほうがマシだし。

クラスとか、全校集会とか、人がたくさん聴いているところで話させられて、幸せなことになった記憶なんてほとんどないなら、そう思ってしまうのも無理もない。人間の肉体は、ポジティブなイメージを基盤にしないとなかなか動かないからだ。恥ずかしかったし失敗したという記憶は長い時間、人間の頭の中を支配して、体も縛りつけてしまうのだ。

でも、それは逆に「成功体験やその楽しいイメージが残っているならできるかもしれない」ということを意味している。それをどうやって経験するか、それは君たち一人ひとりの努力だけではどうにもならない部分がある。「見守りながら、そういう気持ちにさせてくれる大人」が必要だ。だから、ここでも言うことは同じだ。

ちゃんと言うということが苦手なのは、才能とか遺伝子の問題ではなくて、幸せなイメージを持てるようなチャンスと誘導があったかどうかが大きい。だから、そのことで自分をあまり責めてはいけないということだ。

僕のような、キーワードを一つ与えられたら三時間は話し続けられるようなおしゃべりジジイだって、一〇歳のころに深く心を傷つける失敗体験や、「うまく言えないよ」という気持ちが積み重なるような日々を過ごしていたら、無口な大学教授になっていたかもしれない（実はいるんだよ！）。どうしたら「あ、わりと上手くいったわ。それほど苦手じゃなかったんだな」と思える時が来るかだ。

でも大丈夫だ。大学に入ってくるまで、「人前でまともに話したことなんかなかったんです」なんて言っていた一九歳が、卒業するころには、「話が長いなぁ。ポイントをかいつまんで話してよ」なんて注文をつけたくなるほど言える人になったパターンも、ものすごくたくさん見てきたから。

ケース3　言えないんじゃなくて「言わない」

言いたいこともあるし、言おうと思えばいつでも準備できてるような気がするけど、「いろいろ理由があって、言わないほうがいい」って判断している場合もある。言うと面倒くさいことになる。言うとムキになって言い返してくる子供みたいな友だちがいる。あんまり幼稚園児みたいな言葉でしゃべってるから、こっちの言葉が通じないし、相手に合わせて親切に説明してやるほど愛情も足りてない気もする。こっちはすんごいイイこと言ったつもりなのに、いつも友だちに不思議系とかいじられて、どうしていいかわからなくなった。明らかに間違ったことが進行してるし、それにみんな気がついてないし、気がついてるやつはコスト上げたくないからわざと黙ってる（っぽい）し、そんな中、オレ・ワタシだけがイキってもの言って「マウントとってる」とか、「出たよ、ドヤ！」とか茶化されるのもムカつくから寝たふりする。

事情は千差万別だ。言えないのではなく、「言わない」んだ。
それを誰が「ズルい」とか「計算高い」とか「嘘っぽい」なんて非難できるか？ できない。

前の章でも同じことを言った気がするが、ここで言わないという判断をした人は、やっぱりエラいのだ。おだてているんじゃない。光を当てているのだ。
なぜなら、ここでいろいろ考えて、先を読んで、コストと結果の関係を予想して、場合によってはそれでキャラの弱い友だちが不必要に傷つかないで済んだり、無駄な怒りで心のバランスが崩れたりすることを避けたりしているかもしれないからだ。あるいは、調子こいてるバカの坂道転がるスピードに若干ブレーキをかけている場合だってある。つまり、これは隣人と自分が生きのびるための努力の一環なのだ。普通にエラいだろ？　それって。

この世で人を苦しめる、面倒なことを押しつけてくるのは、悪人だけじゃない。けっこう善人が面倒なのだ。だから、正しいこと、そうそう人が批判できないような正論や正義をかざして、ペナルティ・エリアに中央突破のドリブルをしてくるやつには、少し考えてほしいと思うのだ。その息づかいが「言わない」という沈黙をつくる。

誤解してはいけない。

「言えるのにわざと黙っている」ことを推しているのではない。

「正しいと思ったから言った」というほど世界は単純ではないのだから、言えない理由の中には、言わないほうが人のためになることだって含まれているかもしれない。そこを考えず、きちんと主張できる人になりましょうって説教しても、君たちは白けるだけなのだ。大人は適当に汚くて、子供は汚れていないなんていう確証もないことを前提にして、一八歳の主権者なのだから、きちんと主張しなさいなんて素朴なことは言えないと、僕は考えるのだ。

正論が人を傷つけることだってあるし、正論を言ってる人だって、それが正しいと信じて言っているんじゃなくて、「そういうことをハキハキと言えるオレ・ワタシをまわりにアピールしている」のかもしれないじゃないか？　だから僕はここでも言いたい。ものを考えていれば、そうそうかんたんに「言える」とは限らないし、それは状況判断しだいだから、それでいいと思う。

でも、そこまで考えられるのは、それなりの余裕をもっているのかもしれないから、もし少しだけ余裕があるなら、下を向いて、うつむいて、言えずにいる隣人のために、「リョウスケが言いたいのはこういうことなんじゃないの？」と、代打に立ってあげてもいいのではないか？　もちろん打率は三割に届かないかもしれないが。自分のお節介を警戒しすぎては、僕たちは友人とは暮らせない。

言えないにもいろいろな事情があるのだ。そこは大事なところだ。どうすればいいか？

それは、この章の目的を確認して、自分で考えて選択するしかない。

話を戻す。

人は何のために議論などというものをするのか？

おのおのの避けられない偏りを確認して、同じ地平と異なる道を理解して、それでもこれからの旅先でまた出会った時に、相手の言葉によって自分が変わりうるのだと信じ、問題解決の方向をいっしょに探す。

でも、自分は、やっぱり「言えない」。「言わない」。
そんな時できることはもう残されていないのだろうか？

もちろんある。あるんだよ。

言い出せない人のための政治

ひたすら聞き倒す

「言えない」なら、聞けばよい。「ひたすら」聞けばよい。
そう思う。

え？　それじゃ、結局「言えないまま」じゃないの？　それじゃ改善にならないんじゃないっすか？　相変わらずダンマリの自分ってこと？

これこれ、丁寧に読みなはれ。僕は「ひたすら」と言ったのだ。そして、ひたすら人の言うことに耳を傾け続けることは、さほどたやすいことじゃない。なぜならば、「ただ」聞くのではなく、「ひたすら」聞くからだ。

何言ってんだ、このオッサンは。禅問答じゃないんだから、わけのわからないこと言わないでほしいと思った君、普通のリアクションだ。なぜならば、言っている僕自身が、よくわからないまま言っているからだ。いや、ちょっと違う。言い換えよう。

僕は、人間とは言葉が脳内になければものを考えることができないということだけは、確信をもって言える。これは不動の前提だ。

人は言葉がなければものを考えることができない。

「言えない」と思っている諸君よ。言えない理由は「脳内に言葉がないから」なのか？「引き出しに言葉が何もないから」なのか？

そんなはずはない。

もし本当にそうなら、こんなところ（学校！）に今いるはずがない。なぜならばここは、言葉を使って人間が生きる空間だからだ。だから、君たちは言葉がないから言えないのではなく、言うきっかけや、言った先に起こることに耐える自信がないから、言えないということになっている。

つまり、君たちの脳内の引き出しには言葉はちゃんとあるのだ（きっぱり）。

でも「言葉がない」と思って大雑把に決めているだけだ。でもあるのだ。そのことに気が付く、そのことを思い出す、そのことを確認できるのは、どんな時なのか？

「ひたすら」人の言葉に耳を傾け続けた時だ。

「あ、なんか音がしてる。人の声か？」ていどではダメだ。「こいつはいったい何を言いたいのだろうか？」というところを放り出さずに、そこだけは捕まえ損なわないぞと思いながら、ひたすら聞くのだ。その後に聞こえてくるのは、話しているやつの声と言葉だけではない。

それに応えている自分の脳とハートから滲《にじ》み出てくる「自分の言いたい言葉」だ。

まとめてみる。

話せないなら、聞こう。

ただし「ひたすら」聞こう。

「音が聞こえる」ではだめだ。

「何を言いたいのだ？　こいつは？」と手放さずに聞こう。

すると聞こえる。相手の言葉だけでなく、君の声が。

不思議だ。**人の言葉をひたすら聞くと、自分の言葉が聞こえてくるのだ。**

「言えない」と思っても、できることはあるのだ。

ひたすら記録する

「言えない」。しかも「ひたすら」聞くこともうまくいかない。なんだかやっぱり自信がない。そう思い詰めてしまったらどうすればいいのか？　もう手詰まりで、さすがにここでゲームオーバーか？

いいや。ある。

記録せよ。

人間のやりとりは、印象に残るものは脳に貼りつくけど、それぞれみんなワガママな僕たちは、「覚えておきたいことだけを覚える」という究極の偏りかたを身につけているから、ガーッとやりとりしたことをみんなそれぞれ異なる劇場のなかで脳内再生してしまう。それゆえ極端な場合は、人数分だけ異なった記憶が漂うみたいなことになりかねない。でもそれでは僕たちは、どこまでが一緒でどこから道が分かれたのかを確認できず、議論することの目的を十分に果たせなくなってしまう。

「言えない。ひたすら聞くのもダメそうだ」と肩を落としている君よ。

書いてくれ。お書きなさい。そこで起こったことを。肘《ひじ》を絞りこんでえぐるように書くべし！　ツバ飛ばして話している人間は、同時にそこで起こっていることを記録することはできないのだ。それは誰かに頼まなければならない。後から興奮した頭で思い出して記録すると、「オレ・ワタシ超イイこと言ってない？」という悪気のない心のドヤ顔がじゃまをして、不正確な記録となってしまうことが多いのだ。

そこへ行くと、君は言えないし、聞く自信もないが、その分だけ誰かを贔屓《ひいき》するとか、感情に流されてイイように書いてやろうなんていう余裕もないから、比較的正確に起こったこと、人の言葉を記録できるかもしれないのだ。そして、それを地味にやり続けることで何が起こるのか？

感謝されるのだ。

ウソ？　ただ書いただけだよ。

僕が保証する。君は必ず感謝される。「サンキュー」って言われる。

自分たちがやったあんまり上手くいかなかった合意づくりかもしれないが、そんなグダグダしたものを、人はあまり思い返したくないはずだと、君は勝手に決めつけていないか？　さにあらず！

ぐったりと疲れて、クラス委員が「じゃあ、そういうことで担任の先生に報告してきます」と言って、みんな適当に帰り始める。その時はあまりにも疲れていて、このやりとりを思い返したいなどと誰も思わない。僕だって嫌だ。でも、時間が経つと不思議なことに、かならず誰かはそのたどった道を思い返したくなるのだ。そこに、さっと君が記録したものを差し出してごらんなさい。

「自分あんまりしゃべるとか苦手なんで、いちおうホームルームのやりとりを記録しといたから、興味ある人はあとで読んでみて。いや、けっこうみんなイイこと言ってるから」って言いながら。

感謝される。たった一人でも、必ずそういう人はいる。

みんなに抱きしめられて、翌日からクラスのなかで扱いが劇的に変わるということはないが、どんなに少なくても君の隣人はマジありがたいって思うはずだ。四〇人のクラスを生きのびるのはキャパ的にキツいと思っているなら、そんな中でも数人に感謝されるということは、ポイントの高いことではないのか？

ゼロ人は一億倍してもゼロだが、一人でもいれば一億倍すれば一億だ。

君のひたすら記録したものは、プリントして先生に渡しておけば、先生はそれを残す。君たちが卒業して、先生も老人になって、その記録もなくなるかもしれない。でも、「あいつが記録してくれたことはけっこう大事だった」と思い返す隣人がいれば、それは同じことを考えている遠く離れている社会の住人とシンクロしたり、響き合ったりして、僕たちの社会に不可欠なセンス、つまり「決め事がなされる時の選択・決定・受け入れの記録は次世代の水準を上げるために必要なものである」を育むのだ。

あるじゃないか。できることは。

ひたすら励まして孤立させない

言えない。ひたすら聞くこともできない。記録するのも苦手。ほう、そういう人もいると。ここまできて、さすがの教授も、もうお手上げだと思うだろう。

ふっふっふ。僕はどこかで何かの神経がないので、お手上げにならないのだ。そして昔からそういう理由で「お前はバカだ」と言われ続けてきたのだ。大丈夫だ。バカだが大学教授になれるのだ。

最後にできることが残されている。それは、

勇気を持って、気持ちを乗せて、ちゃんとものを言った隣人を励ますことだ。

励まし方はいろいろだ。君たちはもうとっくにひとを励ますようなことをやったり言ったりできているのだ。

「うんうん（うなずく）」
「間違いない（小さくつぶやく）」
「いいじゃん（帰り際に伝える）」
「それでいいと思うよ（静かに）」
「すげ（嫌味なく）」
「もしそうなったら協力するわ（普通に）」

そんなふうには言いづらかったらＬＩＮＥのスタンプでも送る。いや、ＬＩＮＥ交換するほど仲良くないなら、ポストイットに「オレ・ワタシは応援するから」と書いて机の中に入れとく（「キモい」と言われるリスクもあるが、もらった側は決して嫌な気持ちにならないはずだ）。

ちゃんとものを言ったからといって、それが意見として通る保証はない。反対意見にぶつかって、苦しい立場になることだって民主政治の世界では起こるのだ。だから、ちゃんと言った隣人を勝たせるために何かをするのではない。できれば、その意見が通ればいいが、そうならなくても、多数決で負けても、大切なのは、意見を採用されなかった側に「ま、このやりとりも無駄じゃなかったからな」という気持ちをどれだけ残せるかだから、言ってやればいいのだ。みんなの前では言えなくても、そっと伝えてやればいいのだ。

「惜しかったな。でも、君の案が正しいと今でも思ってるから」と。

人間の世界は、何が多数派で何が少数派であるかがはっきりとしてくると、どうしても多数派に、後からみんなが乗っかってきがちだ。だから、正しいと信じて言っても、ちょっと多数派の痛いところを突くような主張をすると、やはり孤立したりすることもある。

孤立は、信念をもってものを言った時の手数料みたいなものだから、大切なのは本人が強い心で自分を支えることだが、そうそう人間は強くはない。だから、ヘコむ。でも、せっかくのエネルギーと勇気と信念が、この先にまた自分たちの集団にとって役に立つほうが望ましいと思うなら、やっぱり「そう考えたのはあなただけではありませんよ」と伝えてあげることが大事だと思うのだ。

ちょっと前に言ったでしょ？　民主主義は、何度もやる瞬間風速の計測だって。「オレ・ワタシの言ったことはまったく無駄だったわけじゃなかったんだな」という気持ちは、その次の決め事に必ずよい効果をもたらすはずだ。

だから、必ずしも強く応援し続ける必要はない。

でも、ヘコんだままで孤立させることは避けたい。

だから、励ますのだ。

挙手して、堂々とものは言いづらい。
人の話に耳を傾けつつ己の心の声もキャッチしづらい。
やりとりをひたすら記録し続けるスタミナもない。
だからあまりポジティブな応援やサポートはできない。

そんな時は、自分は役に立たないと決めつけず、彼・彼女を孤立させないために、自分がその場でできることをすればいいだけだ。

それだけで、人が議論をする目的に貢献できていると僕は思う。地味だけど、そういう人がたくさんいて、この世の政治は機能しているのだと思う。

次の話も、やっぱりそもそもの話だ。もうこのパターンに慣れてきただろう。
そもそも、どうしてそんなにまでして励ますのか？　親友でもないのに。

第3章 仲間をつくるということ

――対立・支持・連帯

友だちより「仲間」を

必要なのは親友ではない

そうそう胸を張ってものは言いづらいし、きっちり聞いても己の心の声もあんまり浮上しないから、記録係になる自信もない。そうなると、やっぱりあまりポジティブなサポートもできない気がする。そんなふうに思う諸君もいるだろう。だから、ふと疑問が出てくるだろう。「励まそう」なんて言われると。

なんでそんな励ますわけ？　親友でもないのに。

その通りだ。さほど親しくもない隣人を励ますような奇特な人間じゃないですよ自分って、と思うかもしれない。しかし、序章で確認した大前提のなかの、「僕たちはみんな弱くて小さい」という話を思い出してほしい。

人はなるべく自分の足で立って、いろいろ判断して生きることが良いとされているが、やはりこの巨大な経済システム、地球環境条件の下で、僕たちは原子みたいな単位としての個人では、ほとんど何もできない。そして、それは社会や世界といった大きな規模の話だけではなくて、四〇人もパックにされている学校の教室でも事情は同じだ。

その条件のもとで、何かをするならどうしても協力関係が必要だ。学園祭での焼きそば屋ひとつとったって、準備や役割はいろいろだし、バンドやダンスだって、音響、客入れの手はず、イスや備品のアルコール消毒だって、お客さんがたくさん来れば人の手が要る。

それ以前に、学園祭でやることを決める際にだって、なるべく多くの人間の希望や要望をとり入れて、一人ひとりのモラール（士気《しき》）を引き出さないと、そもそも面白くない。だから、各人それぞれ計算や目論《もくろ》みはあるけれど、やっぱり四〇人のなかで「どうしても逃げたい白票投じたやつ」以外から、自分の推したい案の採用に協力してくれるやつを増やさなければならない。そのためには、ホームルームの前に、先に話を振っておくなんてことだって、どうしてもその案で行きたいならやらねばならない。

つまり、何かを決めることだけじゃなくて、僕たちは「決める前から」「決めるその時も」そして「決めて実行する最中」ですら、大中小の協力が必要になる。

いや、隣のクラスは実質ひとりで何でもできるリーダーがいて、そいつがほとんど何でも仕切って、しかもすごく性格のいいやつだから、みんな一丸となってやってますよって？

幸運なんだろうが、そんな単独プレーが成功するのはレアケースだ。だいたいそういう中央突破は必ず弾《はじ》き返される、あるいは「出る杭《くい》は打たれる」のが原則だろう。言っていること、やっていることがどれだけ正しく、華々しかろうと、中央突破はそれだけにリスクも高い。

そんな時に、「結果としてはこっちの主張は通らなかったし、最悪の案が採用されたけど、あいつはみんなの気持ちを背負って、ドーンとぶつかって、快く散ったんじゃね？」なんて言われても困るのだ。

なぜならば、政治においては、どれだけ一生懸命にとか、どれだけ熱いハートでとか、その心意気などどうでもいいとされるからだ。「よく戦ったし、心にウソはないし」じゃない。政治においては「もたらされた結果」がすべてであって、突破しようとして散ったやつは、失敗と無関係というわけにはいかないのだ。ドイツのスーパー学者であったマックス・ウェーバー大先生は、「政治においては結果責任こそすべて」と言っている。日本の大学の政治学科の学生はほぼ全員これを教わる。

もし華々しく散ったやつが、作戦変更も何の工夫もしないで「また行くよ。それしかないよ。何回負けてもさ」なんて、まちがった頑固さをキープしていたら、どれだけいいやつで憎めなくても、彼との協力関係を見直すことだってしなければならない。「なにがあってもさ、オレ・ワタシら友だちだからさ」なんて思う必要はないのだ。なぜならば政治における協力関係とは、「たとえ欠点はあっても友だちじゃんと思うけど、そのために自分たちの目標が叶わないことがわかっているなら、別の人間と協力関係をつくることだってあるよね」という、ドライな決定も含まれているからだ。


汚ないよ、そんなの。裏切りじゃん。

協力関係の信頼がなくなるんじゃないですか？


そう感じる諸君もいるだろう。なるほどそうかもしれない。

でも、心にかすり傷を負う前に、もうひとつやっておかなければならないことがあるのだ。

それは、深く考えずに曖昧《あいまい》に使っていた「友だち」という言葉を分節化することだ。

学校の帰りにたまたまいっしょに歩いていた友だちを見て、親たちはよく大雑把《おおざっぱ》なこと聞いてくる。「あら？　お友だち？」って。

「別に。友だちだけど、友だちじゃないっていうか、ビミョーだな」なんて思う。もうわかっているのだ。「ともだちひゃくにんできるかな」とか、意味がないってことを。

友人関係を切り分ける

そもそも日本の教育では、もう幼稚園の時からずっと「みんなと仲良くしましょう」というハードルの高い指導がなされていて、多くの教育関係者がそのことをぼんやりとスタートラインにしている。でも僕らの現実は、隣人とは仲が良かったり悪かったり、関心があったりなかったり、利益をもたらしたり損害を運んできたり、いろいろだ。だから、仲たがいや争いや喧嘩が起こったら、やるべきことは、お互いが最後まで追い詰められてむなしく墜落する前に、なんとか大ケガしないように着地させることだ。つまり利益や関心（政治学ではこれをinterestと呼ぶ）の調整をすることだ。自分たちの工夫で。

そう考えるなら、「友だち」という大雑把な言葉だけで話を進めると、なんでもぜんぶ入っている鍋の中のドロドロ汁の話みたいになって、意味ある組み立ての話にならない。どのあたりが政治における協力者なのかを、友だちと知らない人とのあいだの広大かつ多様な中間ゾーンを分けて考えてみようではないか。

親密なる人：これはもう家族とか（「家族こそ一番心が通じない」というふつうにある事例はこのさい置いておいて）、恋人とか、要するに「距離が〇メートル」である人だ。こういう人がいればじつに人生は幸運だ。でも、距離が近いだけ面倒くささも格別だ。ちなみにそういう人がいなくても人生を楽しく暮らすことはじゅうぶん可能だ。

親友：こんな友に出会えたら、これもまたじつにありがたい。この関係は、何らかの社会的、道徳的基準から言えばその友が「正しからぬ部分」あるいは「ダメな部分」を持っているということをわかったうえで、それも含めて友だちだからと腹を括《くく》った関係だと言える。「お母さんが心配してるから、いい加減ギャンブルやめな。金は貸さないよ。やめな、もう」って、もう何十回も言ってるのに、またパチスロで三〇万も借金つくって、「いや、今さ、来てるのよ！　いい感じなのよ！　絶対倍にして返すからさ！」なんて言っている。どうしようもねえやつだ。でも、「もう友だちじゃないから」って、どうしても言えない。

仲良し：「ダメでも許す」までの愛情はないかもしれないけれど、自分の許容範囲よりもちょっと狭いくらいのエリアにいる、普通に常識のある魅力ある友人だ。お互いに損得がブツからない時にはいい関係だけど、「彼氏／彼女をとった・とられた」みたいなことが起こると、結構かんたんにブレークしてしまうこともある。

仲間：共通の目的をもって過ごしている関係だが、おのおののプライベートなことについては、さほど踏み込まず、目的の達成のために必要な範囲で自分を出して、自分が相手を脅かす存在じゃないということを示しておくような関係。同じ趣味のサークルのメンバーで、「両親が何の仕事してるか」とかは知らないけど、「好きなアニメ声優について」は話し続けられる、まさに仲間。家に上がりこんだりはしない。

クラスメート：たまたま学校の都合で四〇人くらいのカゴの中に放り込まれて、大中小の「面白いこと」と、大中小の「クソみたいなストレス」を発生させる学級のメンバー。人数が増えれば増えるほどほぼ全種類のやつがいるような、自分の学校のサンプル集団。関係は千差万別だが、なんだかんだで、一つにまとまるなんてことはあるはずもなく、なんとなくゆるいピラミッド的な感じでグループ別に分かれている。そして、先生もそれをわかって利用している。

知ってるやつ：名前だけ、顔だけ、両方、でも基本的によくわからないやつ。中高一貫校だと、もう途中でほとんどのやつが「知ってるやつ」になるけど、そのていどの関係で、仲がいいも悪いもない。もっと仲良くなりたいなら努力もするが、別に放置でも構わないし、そもそもそんなにいろいろ友だちつくる時間的、気持ち的な余裕がない。でも先々どんな関係になるかはわからないから、知ってるだけでも時にはありがたいかもしれない。

知らないやつ：文字通り。でも、知ってるやつ同様、この先にどんな人間関係にでもなりうる可能性があり、卒業して学校の外へと散っていった後、知らないままでも同じ社会のメンバーとなる可能性のある人だ。君がこの先の人生で理不尽な目にあった時に、顔も知らないけど、それを耳にした時、「それはないよ。他人事じゃないね」と言ってくれるかもしれない人だ。すべての隣人はそうなりうるけど、大事なのは「面識ないのに」そう思ってくれるはずだという「信頼」があることだ。こういう人を「市民」と呼んでもいいような気がする。

さて、この七分類のうち、教室や学校で、決め事とその実行の場面で協力を呼びかけられるのはどのグループだろうか？　親密な関係から順に、現実的にはクラスメートぐらいまでで、それ以外はかなり疎遠だから協力を得るには、それなりの段取りが必要だ。

でも見過ごしがちなのは、これだけの広いゾーンがあるのに、決め事とその実行に関しては、別に親しい最初の二つ以外は無理ということはないことだ。お互いになんとかウィンウィンぐらいの、あまり詰めない関係の中で、「このことにだけでいいから協力してくれない？」と言える相手は、意外にたくさんいるのだ。

「そんなこと仲良くないと頼めない」という怖気はあるだろうが、仲良くないからこそ、その後が面倒くさくなくて、「ああ、無理ならいいわ。気にしないでね」で終わりにできるなら、あまり仲良くないほうが逆にドライな協力を頼めるかもしれない。超仲良しじゃないと言えないことばかりなら、世界は身内と恋人と親友だけになって、ひどく狭い結びつきだけの人生となる。そして、それもけっこう息苦しい。

心など通じ合わなくても協力はできる

それでもやっぱり仲良くない人とは協力なんて、という不安と疑念はあって、そう思うのは君たちだけじゃなくて、我々大人もそうだ。人間はいくつになっても人間関係で悩む。会社を辞める理由の多くは人間関係が原因だ。人間の集まるところでは、第一章で確認したように、いろいろと言うことを「聞かせる／聞かせられる」という関係が生じるから、その息苦しさやモヤモヤ感は、ひどくなると身体にまで及んで、ちょっとしたきっかけで学校にも会社にも行けなくなってしまうことも起こる。

その時、よくおちいってしまうのは、**「あの人とうまくやっていけないのは自分が悪いからだ」**という思い込みの沼だ。これは自分の心がけが悪いからだという自信喪失をこじらせることで生じ、オレ・ワタシはダメな心の持ち主だと、みんな勝手に決めて閉じてしまう。

人間の関係は、お互いの組み合わせで決まるから、アリサとオレ・ワタシの関係は、ソヨコとオレ・ワタシの関係とはまったく別で、アリサに引き出されるオレ・ワタシは明るくて、はしゃいでいて、ちょっといじわるだけど、ソヨコとのやりとりではオレ・ワタシは、ちょっと神経質で、繊細で、お節介になる。同じ「オレ・ワタシ」のはずなのに別人みたいだ。そういうことでわかるのは、次のことだ。

自分は確かにここにいるけど、自分が「自分ってこういうやつ」って思っている自分は、アリサやソヨコから見ると、全然違う「自分」で、かつ両者の「自分像」も違うということが起こりうる。自分「そのもの」など、友だち側の見え方によって何種類だってある。

オレ・ワタシ「そのもの」は、自分だけでは決められないのだ。

哲学者のフッサールという人がそんなことを言っている。だから、人間関係がうまくいかない理由は、**「私という存在がダメダメだから」ではなくて、「なぜかそうなっちゃう組み合わせにすぎない」**のだ。そういう時には、関係をよくしようと努力すればもっと悪化することもあるし、「私のせいじゃないじゃん」って肩の力を抜いたら、相手の見え方も変わっていって、他になんにもしていないのに、仲良くなるなんてことも起こるのだ。

だからやるべきことは、ギクシャクするならするなりに、なんか重いなぁと思ったら重いなりに、ぜんぶをわかり合おうとすることでも、心から人間改造をすることでもない。無理だから。そんなことはしないでいいよ。

僕たちをうつむかせる「心の教育」

ところが、日本の学校というところは、昔で言う「読み書きそろばん」だけじゃなくて、子供たちの生活全体の面倒を見るという仕事観を背負ってしまっているから、生徒同士のトラブルやイジメを無くすために、先生たちは長年「心の教育」ということをやり続けている。学校は技術や技能を習得するだけじゃなくて、みんなで過ごす共同体で、クラスはそのリビングルームだとされてきたのだ。

でも、そのやり方が、時には生徒たちを追いつめることになる。一〇代の人生は肉体と精神の発達がズレるから、自分でもよくわからない理由でイライラするものだ。それは、自分の心がいかがわしく、卑怯で、弱くて、ねじれているから起こるのではなくて、「なんなのよ？このいろいろフィットしてない感じは？」という、人間が自立する時に絶対に避けられない苦しみのひとつだ。

こんな時に、「心を教育しましょう」というアプローチは、うまくいかないのは自分の心のせいだと、生徒が自分を責める方向に作用してしまう。なぜならば、イラついたり、なにかを壊したくなったり、まわりがぜんぶうっとうしい気がするシーズンが「心が正常でない状態」とされてしまいがちだからだ。そして異常な状態を正常に戻すのが教育だとなって、生徒のイライラの理由は、自分たちの教育が足りないからだと、真面目な先生はどんどん前のめりになってしまう。これでは先生も生徒も苦しくなる。

もちろん、幼少期の経験の影響が思春期に現れることはある。そういうコンディションの悪さについては、決して放置するべきではない。でも隣人との人間関係や協力関係を解決する時、学校に「それは心の問題です」と言われ続けたら、君たちは自分をきちんと肯定する心の基盤を育てることができなくなってしまう。そもそもノーマルな状態の心など、雲をつかむようなものだからだ。

「今年の中二生は良いですね。じつに落ち着いている」などと先生たちは愛情を込めて言う。つまり「荒れることなく、学級崩壊もなく、じつにノーマルです。一年生の時の心の教育が効いていますね」と思うのかもしれない。でも落ち着いているのは、「停滞している」のかもしれないし、心が折れてぼんやりしているのかもしれない。コロナで行事が何でも中止されて、思春期の基本の欲望が育っていないのかもしれない。

真面目な君たちは、問題の原因を自分の心のせいだと、そっちに持っていってしまう。それは君たちが自立した大人へと進む道すじの障害となる。自分を肯定していれば普通にできることをするための、自信の土台を失ってしまうのである。

関係をつくる。
協力を取りつける。
相手の力を引き出す。
意見は異なっていても、立っている場所は同じだと呼びかける。
お前のことはわからないことも多いが、この部分で共感しているはずだと確認する。

そういうことをできるためには、「心がちゃんとしていなければいけないんだ」と、まったく的外れな思い込みによって、どだい無理な「トラブルが永久になくなる夢の国への旅」をしようとして、君たちはもっと大切なことを置き忘れてしまうのだ。

トラブルの原因を知るのは大事だが、人間が自己チューである以上、トラブルはなくならないから、するべきことは**トラブルが大惨事にならないように、枠組の中に落としこんで、自分たちの範囲を超える問題にさせないようにする**ことだ。

この本は、少々未熟で若いけれども、だからと言って小学生ではない人たちに向けたものだから、そんな若いみそらで、人との協力関係がうまくできない理由を自分の心に問題があるからだと決めつけて、無力感に閉じ込められるなら、非常に切ない。

だから、まずは結びつき方もいろいろだから、それに応じて、適当にやりとりすればいいと思ってほしい。とにかく対立をなくすという問題の立て方は、大人だってクリアできない、とんでもなくハードルの高いものだから、**対立やトラブルと上手に付き合って生きていくこと**を考えようと言いたいのだ。

そして君たちの隠れた力を出すためにやる準備はいつも同じだ。きちんと話を切り分けることだ。

対立を恐れず、やみくもに戦わず

意見が「合わない」もいろいろ

前の節でやったように、友だちを切り分けて、結びつきもいろいろだから純度の高い結びつきでなくてもいいとわかれば、「友だち一〇〇人」なんて棚に上げて、親友がいなくても、少しも自分をダメだと思う必要もないことだとわかる。また、上手くいかないやりとりがあったって、それを自分の心のせいにする必要もない。**意見が合わない人がいることは誰の責任でもない。**

まずは話を切り分けよう。話が「合わない」って、いったい「何が」合わないのだろうか？

考え方のスタートが「合わない」：ずっとやってきたし、やれば楽しそうだから、学園祭はやりたいというスタートラインにいる者もいるが、もうこの地点で合わない人もいる。学園祭を一体何のためにやるのか、意見をすり合わせたこともなければ、先生も交えてその喜びについて語り合ったこともない。ただ「ずっとやってきたから」。負担も重く、目的もはっきりしない活動はやりたくない。そこからもう合わない。

目的は共有するがその手段が「合わない」：勉強とは別次元で、クリエイティブなことをやって、自分の可能性を試してみたい。そのためのステージと考えれば学園祭をやる目的はいっしょだと思う。でも、すべてを共同作業でやる必要もないと思う。個人の才能やセンスを発揮できる個別のステージがあれば、それがいいと思う。

いや、みんなの力が合わさった時のイイ感じの化学変化も考えれば、やっぱり共同の作業が必要だと思う。目的はそんなに変わらないけど、「やり方」が異なるんだと思う。

結果への期待が「合わない」：学園祭は意味あるし、共同作業も否定しないけれど、なんかモヤモヤするのは、学園祭が自分たちにもたらすものについて、何か考えが違うような気がするからだ。

自分はとにかく楽しく盛り上がって、友だちとも仲良くなった、くらいでもう十分だ。でも、そうじゃない人もいる。せっかく時間もお金もエネルギーもかけてお祭りをやるんだから、そこから何かの気づきや学ぶ点、堅苦しいかもしれないけど、「これやって、ちょっと自分の何かが分厚くなった」くらいの気持ちにはなりたいと。

活動の個別の細かい判断が「合わない」：学園祭の準備が始まって、あいつと同じダンス大会班になって、とにかくものすごく細かいことでいちいちぶつかる。司会をつけるか、あんまりダサいダンスは落選させるか、持ち時間どうするか、当日の音源を事前に提出させるか、MP3で当日渡してもらうか、エトセトラ……。合わない、合わない。別にあいつが嫌いなわけじゃないけど、もうとにかくあいつぜんぶ逆のこと言うの。面倒くさいわ。

厄介なのは、最初の「スタートラインの違い」だ。話の前提が異なってそこで折り合いがつかないと、どっちかが抜けるということにもなりかねない。だから、本当は「学園祭やるの？」を最初に議論しておかねばならないのだ。でも、やっぱり「ぼんやりと〝やることになっているから〟として、大人しくやる」（第一章）となってしまいがちだから、もうぜんぶ決まった後に「そもそも学園祭自体がウザい」と言われても、もうフォローできない。マジかよ、あいつってなる。

それでも、もういろいろ始まっちゃったんだから、とにかく一緒にやろうぜとなれば、それぞれに収まりをつける範囲というか、着地場所はあるものだ。意見が対立することをあまりに強く恐れる必要はない。

手段の違いが現れても、みんなどうしたら学園祭をエンジョイできるかというところまでは同じ道を歩いてきたんだから、可能な範囲で、そこで分かれた道の両方を尊重して、もう一度共通の価値観を確認していけば、そんなに意見が離れているわけではないとあらためてわかるだろう。

お祭りへの期待は、そもそも全員違っていていいのだ。そんなに何もかも心を一つにして、何かに取り組まなくてもいい。それは疲れる。疲れるためにこんなことをやっているのではない。**人生の目的は楽しく暮らすこと**だから、もうそれでいい。

人はみんな肯定されたい

対立が穏やかに収まらず、しょうがないとなればドンパチとなる。しかし、いくらもうこれ以上の話は無理だとなっても、それでもやっぱり戦えばいいというものではない。戦うことで、誰かがちょっとでも幸福になるならともかく、この世のほとんどの戦いでは、全員が無傷で終わることは少ない。

もちろん、問題が教室を飛び出して広い人々の生活にふりかかって、それは許しがたいと思ったら、戦う姿勢を見せることで、心が折れそうな人たちに「オレ・ワタシたちはここにいるぞ。君はひとりじゃないから」と励ます必要があると僕は思う。その信頼が社会の根拠だと大前提で書いた通りだ。

でも前の章でも「ぜんぶキツいなら励まそう」と言ったように、最後まで戦い切っても世界を変えられないなら、「変わんなきゃ意味ないし」ということはなく、負けてもそうそう簡単にハイそうですかとはならないという態度で、相手にメッセージを送り続けることだって、人間の行動の意義には含まれている。

意見が対立して、こう着状態やかなりヤバい雰囲気になった時は、こちらが正論と信じるものをそのままぶつけても、相手も同じことをしてくるから、まずはお互いの振り上げた心の拳《こぶし》を降ろさなければならない。意見のすり合わせでは、とにかくこの予備作業がとても重要で、多くの人がぶつかったまま動けなくなった時に、勢いのついた気持ちのせいで、そのことを忘れがちだ。「自分はヒドいことを言われてる」、あるいは「何で自分を否定するのか」という負の対抗エネルギーがあるからだ。

そういう時は、ほぼこの世に生まれてきたすべての人に共通する心の居場所を思い出せばいい。どんなに意見が合わない相手もそこは同じだ。

僕たちは、基本的には自分を肯定されたいし、ホメられて感謝されたらもう最高という、じつにシンプルな生き物なのだ。

それなら相手の心をなんとか着地させるために必要なのは、こちらの正義をど真ん中に投げ込むことではなく、まずは相手が、「自分はこの部分は認められているんだ」という気持ちの土台をもてるような言葉がけが必要だ。「そんなに根っこから考えが違うわけでもないと思うし、こういうところはほぼほぼ同じだと思うんだよね」と示して、その後はこちらの正義とあちらの正義が共通する面や点を探ればいいだろう。

「どこから道が分かれたのか？」と、その場所を探す。

そして、その時にとても大切なポイントは、自分や相手の正しさの陰に隠れて見えにくくなっているところだ。人は、そこを出発点に意識的にも知らず知らずのうちにも、ものを言ったり行動したりしているのだ。

自分はいったい「何を守りたいのか？」だ。

損得勘定《そんとくかんじょう》はけっこう使える

僕たちは、何かに強くとらわれている時には、自分がなぜしぶとく主張して、それに執着するのか本当はよくわからない場合が多い。でも、スピードを落として丁寧に気持ちをさかのぼっていくと、積極的に何かを獲得しにいくというよりもむしろ、何かを大事にしたいという「守りの気持ち」が自分にあることに気づくのだ。なにかを主張したい時の心のスタートは、あまりふだん意識しないけれど、実は大事なものを失いたくないという気持ちなのだ。

そんな時に、「それは間違っている。君はそのことを知らずに自分が正しいと思っている」なんて言われると、もう正誤や成否の問題ではなく、「こいつはこっちの存在を脅かしているのでは？」という疑いの話になってしまう。それでは心の拳を降ろしづらくなる。なぜならば、突っ張った態度とは裏腹に、心に不安がよぎっているからだ。

「表に出やがれ！」の昭和のおっさんと、穏やかな令和の君たちとはいろいろ違うけど、人間としては怒りの感情は同じで、みんなＬＩＮＥ炎上大会というじつに不健全なバトルになる。それは神経戦になってくるからキツい。そして問題を処理するコストがお互いに上がるから、そもそも自分たちがどこから道が分かれてしまったのかを忘れてしまう。気がつくと戦うこと自体のために戦うみたいな、本当にアホらしいことになって、みんなヘトヘトになるのだ。

「心の教育」の力があまりもう届きづらくなっている理由がここにある。

だったら、真心をもった真人間が真の友情を信じて、裸になってぶつかり合って、わかり合ってトラブルを根絶しよう、なんていうハードルの高い解決イメージはそっとアーカイブして（この部分は君たちではなく「先生や古い大人たち」に向けて言っている）、むしろもっとドライに考えればよいのではないか？

意見対立は損得勘定で対応する。

こういうことを書くと、真面目でピュアな人たちに必ず叱られる。「あなたは生徒たちの傷つけ合いを前にして『得することをしろ』なんて不純な誘導をするんですか！」と。そして、こんなイカガワシイ本は生徒に読ませてはなりませんとなるかもしれない。「損得」という言葉が気になるなら言い換えよう。

対立をしずめるために「功利」という視点も役に立つかもしれない。

これをこの章の「人との結びつき」というテーマにそった言い方に変えてみると、こんなふうになるかもしれない。

僕たちは協力をしたり、意見対立を静かに着地させたりするために、仲良しの友だちでなければと考えず、まずは断絶をさけるために、お互いに「そう悪いやつでもない」と受け取られるくらいの工夫と努力をすればいい。

要するに、君たちが教室を生き抜くためには、協力する動機は何でもよいのだ。

どうして協力しようとしてくれるのかは、君が隣人そのものになり代われない以上、ずっとわからないのだから、無理にどこにもいない立派なやつを基準にする必要もない。

「工夫」というもう一つの政治

第一章で、僕は「選んで、決めて、受け入れさせること」としての政治と説明した。政治とは「決断とその認知」なのだと。

ここで君たちに伝えたいのは、その意味とつながる、それでいてちょっと光を当てる場所が異なる政治の意味だ。それは、**意見の違いが手の施しようのないくらいにまでひどくなることを避けるために「あえてする工夫」**ということだ。「あえて」の意味がややぼんやりしているだろうから、丁寧に説明する。

争いや意見対立が生じた時に、基本的には面倒くさがりである僕たち人間は、それを放置して自然の流れにまかせたくなる。「勝手にやってろ。そういうの」と。台風が過ぎさるのを黙って待つにかぎるとも思う。

でも、トラブルをすべて人間の力では対処できない自然の力と同じものだ考えると、「昨日の台風、すごかったよねぇ？　こればっかしはどうしようもないからねぇ」と、飛んできたゴミや看板を片付けながら、近所の人と立ち話して終わりだ。町は壊れ、後片付けも大変だが、全部自然のせいにして諦めて終わりだ。

でも、これを君たちのような制限された、管理された者たちがやると、問題はどんどん大きくなって、もはや自分たちのできる範囲を超えてしまう。そんな時、学校は必死に学校内で問題を解決しようと努力するから、真面目で熱心な先生であればあるほど苦しくなる。

イジメの問題なんかはその典型だ。善良で熱心な先生ほど、イジメを根絶し、誰もが自分を重んじてもらえるようなクラスにしなければいけないと思いつめる。しかし、この世から永遠にイジメはなくならない（次の章で詳しく話す）。心の教育をいくらしても、当事者たちの地獄は終わらない。そして、それは直接的には学校の責任じゃない（間接的にはあると思う）。ましてや、いろいろな流れやなりゆきで、そこに絡まってしまった生徒の責任を問うことなど簡単にはできない。

学校だってキャパがあるのだから、「はい、そこまで！　ここから先は別の土俵で」とさじを投げたっていいのだ。自由な学校運営で有名だった、とある中学校の元校長先生は「生徒があんまり悩んで、こっちも困ったけど、どうしようもなかったので警察に相談させたら、一瞬で解決しちゃったんだよね」なんて言っていた。これは君たちの範囲を超えた時の話だ。そうならないためにできることがあるのだ（学校と先生は簡単に「助けて」と言えない……と頑張ってしまうから、いろいろ辛いのだ）。

それは、巻き込まれて面倒かもしれないが、取り返しのつかないこと（僕たちおじさんやおばさんの後に生まれてきた者たちが、自分からこの世の中にグッバイをすることだ。学校にいる者たちは自分でグッバイしてはならないのだ）にならないために、できる範囲でなんとか工夫をすることだ。

それも大切な政治だ。

少しくたびれてきただろうから、ここでちょっとまとめてみよう。

・自然（なりゆき）に丸投げしないで、できるだけの工夫をする。

・工夫の目的は、問題が自分たちの範囲を超えないようにするため。超えたら大人に任せる。

・トラブルをむやみに恐れない、怯えない、無理に勇気を出して戦わない。

・人が拳を上げる理由を押さえる。みんな自分を否定されたくない。

・相手が守りたいものを想像する。「攻め」じゃなく「守り」が理由。

・自分の守りたいものを確認する。「自分もそうだ」と思うと気持ちが落ちつく。

・それをふまえて、相手が守りたいものを壊すのではなく、なるべくキープして、「こうすればお互いを守れるよ」と（可能ならば）提案する。そうそうベストな歩み寄りはできないけれど、「オレ・ワタシらの目的地はさほど変わらないんじゃないの」と、気持ちを引きよせるくらいはできる。

・それでもなかなか折り合いがつかないなら、「話を聞いてくれてありがとう」と、きちんと礼を言って、「時間をおいて、もう一回話そう」と別れる。

一六世紀のイタリア地方フィレンツェの外交官ニッコロ・マキャベッリはこれを「**作為としての政治**」と説明した。作為というのは、「あえて、わざわざ、意図して、工夫をしてやってみる」という意味だ。フィレンツェの君主が「民を愛し、この地を愛し、慈愛に満ちた君主」みたいなオメデタイことを言っている間に、鬼のような枢機卿チェーザレ・ボルジアに滅ぼされそうになった恐怖から学んだニッコロは、「フィレンツェを守るには工夫がいるんです」と『君主論』というマニュアルを書いて君主に送った。

五〇〇年以上の時空を超えて、雲の上から君たちの教室に降り立ったニッコロは、イジメを悪化させてしまう、「LINE炎上してるから、とりあえず乗っておいた」という苦しまぎれの工夫に対して、きっとこう言うだろう。

「おいおい、スマホの中でやるSNSは、少ない言葉にものすごい重しがかかっているから、気持ちや意図が過剰で不正確に伝わってしまう。そりゃ問題を悪化させるばっかりだから、解決にはもっともっとエネルギーが必要になって、世界をコントロールしづらくさせっぞ。あんまり良い工夫とは言えないな」と。

じゃあ、どうしたらいいのよ、ニッコロ？

事情はそれぞれだし、現場を知らないのにがさつなことはそうそう言えないのだが、場合によっては、何もしないことが、つまり不作為という作為が事態の悪化を少しでも遅らせることに役立つかもしれない。イジメの問題の難しさは、巻き込まれている者たちの多くが「イジメだと思っていなかった」と振り返ることが多いことだ。そういう時にはあえて何もしないで、「無視はしない」、「あいさつや声かけだけはする」、「無理に仲良くしようとしない」の三つを守って、普通にふるまうことだって、作為による政治だ。

そんなことできないよ、と思っている諸君。
そんな作為とかいわれても、と不安になっている諸君。
そんなこと絶対にやらないわ、とムカついている諸君。
心配は要らない。

君たちはもうとっくにそれをやっているからだ。

君たちは波風を起こすウザいやりとりを避けるために、自分の本当の姿ではないキャラをバランスよく演じ分けて、家族の前と、クラスの「各グループ」別のやりとりで、微妙に異なる「オレ・ワタシ」を表現して、ストレスを抑え込み、奇跡のようにいる「そんなにストレスフルじゃない仲良し」と、短くはかなくも光る青い春を生きているではないか。

じつに立派な工夫だ。

しつこいが、前章に引き続いて、もう一度言う。

僕は、君たちをおだてているのではない。嫌味を言っているのでもない。君たちが見過ごしている君たち自身の力に光を当てているだけだ。

ただ、そうやって生きのびるための知恵として、あといくつかが不足している。

まだあんの？

すまん。あるんだ。

それは、つながりから生まれるカタマリの中の「役割」の話に現れる。

上も下もない対等な僕たち
——協力関係の組み立て

アメフット——民主主義の国が生んだシステム

僕は前の章で、「人とのつながりにおける工夫」という意味で政治と言ったのだから、それを応用して、僕たちの集まる場所に生じるものに関しても、少し違ってとらえ返してみても良いと思う。それは、僕たちの人間のカタマリの組み立て、役割の分担、つまり**組織**の話だ。

一つ印象的なエピソードを紹介しよう。それは、秋冬になると始まるアメリカ生まれのあのフットボールにまつわる話だ。僕の勤める大学ではスポーツ推薦入試もあって、ある年僕はその面接をした。何組かのグループ面接のうち、アメフット選手の順番がきた時、僕は面接者という立場から少しはみ出た、長年の疑問を受験生の一人にぶつけてみたのだ（ついつい競技名を「アメフト」と呼んでいたら、受験生に「アメフトじゃありません。〝アメフット〟です」と直された。己《おのれ》の不明を恥じて謝罪した）。

「僕は、スポーツが大好きで、あの肉体がきしむようなハードなぶつかり合いをするアメフットをいつも驚きと感動をもって観ているけど、君のポジションはどこですか？」

「自分は、ディフェンシブ・ラインです」

「ということは、あのお相撲のハッケヨイみたいな姿勢から、延々と相手にぶちかまして、タックルして、要するに永遠にボールを触らないで試合が終わる、みたいなポジションだよね？」

「はい。基本、ボールには触りません」

「そうだよな。でも、失礼だけど、フットボールなのにボールに触れないようなスポーツは、やっていて退屈じゃないの？　だって延々とお相撲でしょ？」

思い起こせば、面接者という強い立場を利用して、じつに失礼な質問をしたものだと思う。ごめんなさい。

すると、その受験生は毅然《きぜん》としてこう答えてくれたのだ。

「アメフットのポジションを、もう少し詳しく観られるようになるとわかると思うのですが、すべてのポジションには、どれだけ地味に見えても、ボールをタッチダウンするまでの間にひとつも欠くことができない役割と機能があるんです。パスをして華やかにそれを受け取る人に注目がいきがちですけど、いずれかの役割が少しでもほころびると、必ず負けます」と。

なるほど、でもそれは結局「一丸となって」という僕たちの島国でおなじみの集団主義とどこが違うのかと、僕は思った。しかし、それに続けて言った彼の言葉はすばらしかった。

「でもこういうシステムは、別の言い方をすると、どんな能力、どんな特徴、どんな癖をもった人間にも必要とされるポジションが用意されているということです。このスポーツではすべての人間の能力を活かすことができるのであって、僕はここにアメリカという国の活きた民主主義のスピリットが表現されていると思います」

なってしまった。そして、感動して泣きそうになった。

アメフット選手と言えば、野牛のように屈強で、死をも恐れず突進し、あれだけ鍛え抜かれた多数のチームメートがそろっていながら、年間二〇数試合しかできない人類の最過酷競技だと、そこだけに注目し、決めつけていた己の無知に打ちのめされた。

この競技を深く愛し、そこに青春と己のすべてをぶつけようとしている若者が、このスポーツのもつ本質に触れるようなことを、無難に受け答えしておけば良いとされている推薦入試の面接で、僕の眼を見て堂々と説明したのだ。

アメリカという国への文句や恨みごとはたくさんある。日本の空に傍若無人に戦闘機を飛ばす傲慢な国だ。しかし、アメフットという、ラグビーでは絶対に許されない「ボールをゴールの方にパスする」という独特の競技を、あらゆる民族背景を持った人たちが集まる国で、それに応じて多様な能力を持った者たちがみんな試合に出られる競技としてつくり上げたセンスに、神棚に置かれたものではない民主主義を感じるのだ。

そう考えると、九人全員に役割があるアメリカ生まれのベースボールだってそうだ。そこにいる多様な者たちが役割を活かして幸福になるためのスポーツだ。だから、そこにいる者たちの関係は基本的に対等なのだ（アメリカの少年野球指導においては、子供たちが全員試合に出られるように、あらゆるレベルのチームが用意されていて、基本的には一チームに一五人以上の子供を入れることを禁止している地域が多い）。

どうしてこんな話をしたのかといえば、それは僕たちの社会が組織というものを、なぜかぼんやりとピラミッド型でイメージしていることが多いからだ。それは、ある言葉をどう理解しているかによって明らかになる。

それは「リーダーシップ」という言葉だ。

出た、リーダーシップ。アレだろ？　部活のキャプテン。

そうだ。そう来ると思った。
しかし、違うのだ。

リーダーになれという呪縛

月刊経済誌なんかの特集では、「危機のリーダーシップ！　瀕死の企業を救った五人！」とか、「スティーブ・ジョブズから見える真のリーダーの秘密一〇！」なんて、たくさん特集が組まれている。でも、それは結局「結果がすべての企業経営の成功者の夢物語」みたいなものが多くて、僕たちは本当に「リーダーとはいったいどういう人なのか？」を突き詰めて話したことなんかないような気がする。

していたならば、アンケート「あなたにとって理想の上司とは？」に、必ずその時話題になっている何かを成し遂げた有名人の名前がベストテン入りするみたいな、トホホ状態になるはずがない。

そもそも理想の「上司」というのが、僕をモヤモヤさせる。そこにはリーダーは「上」で、それ以外は「ヒラ」という、ピラミッド型のイメージが下敷きにあるからだ。そして理想の社長は、ある時のテレビドラマで印象的な上司を演じたスター俳優になる。ドラマが忘れられると、今度は別の女性弁護士とか、高校生社長とか、そういう話になる。リーダーは流行りすたりじゃないのにと、またため息が出る。

それじゃ、学校世界を生きる君たちが、リーダーというものに無関心でいられるかというと、実はそうでもない。なぜなら大学の推薦入試などでは、面接問答集を用意していて、「勉強以外に高校時代どんな活動をしていましたか?」という質問に派生して、「リーダーシップとはどのようなものだと思いますか?」と尋ねられることを想定しているからだ。

そして面接室でのやりとりは、もうこちらもやる前からぜんぶ予想通りのツマラナサである。人から借りてきた言葉、自分の体重の乗っていない言葉なんて、言えば言うほど不利になるのに（少なくとも面接者が僕だったら）。

「あなたは高校時代に、勉学以外の活動として何をしてきましたか?」

「自分は、三年間野球部員として頑張ってきました。特に二年生の秋からはキャプテンとして、夏の予選に向けて部員全員を引っ張ってきました。これには自信があります」

「そうですか。その経験から、あなたが考えるリーダーシップを説明してください」

「とにかく、やっぱりみんなを**ちゃんとまとめて**、**一つになって**、目標に向かって、オレに**ついてこい**っていうか、元気出して**引っ張っていく**ことです」

「それはもう、最初の質問の答えで同じことを言っていますよね？　僕が聞いているのは、**どういうリーダーが最良のリーダーだとあなた自身が思っているか**です。お願いします」

「はぁ……。つまり、えーと、やっぱ、人間て、けっきょくみんなワガママじゃないですかぁ？（予想外の展開に口調が変わる）そういうなんか自己チューなやつらを、束ねるっていうか、時には優しく、場合によっては厳しく、ちゃんといろいろ言って、監督先生に迷惑がかからないように、キャプテンとして気配りっていうか……」

「はい。わかりました。僕からの質問は以上です」

もう、ぜんぶ同じ。みんな同じパターン。そして思う。

僕たちの社会には「リーダー」と「上司（主将）」の区別がないんだなぁ、と。

そんなふうにリーダーが考えられている社会では、そのイメージはどうしても「信長タイプか？　秀吉か、さてまた家康か？」と、もう何万回も繰りかえされてきた話で作られて、その時の流行りに合わせて理想の上司が語られる（ほとんどの場合は「優しい」「自分のことを理解してくれる」「時には厳しく導いてくれる」の三つだ）。当然ほとんどの人の平凡な人生においては、戦国武将や偉人みたいな立場になることはないから、いつも出てくるリーダーの説明文は、「**会社組織の中で上手く立ちまわるために、上には従順で、下には厳しい、体力のある、笑顔の爽やかな人**」になる。

リーダーを語る言葉をたくさん持たない社会にいて、そこで育つ一八歳を誰も責めることはできない。そういう言葉以外に、リーダーを語る経験がないし、イメージも与えられていないからだ。だから、必死に、真面目に、血と汗と涙にまみれた苦しかった野球部のキャプテンの一年間を、宝物のように思いつつ、それを定番の言葉で落とし込むことになる。そして、そういうこなれない、成熟しない、定番の言葉しかない世界で、どうしたら賢明なるリーダーシップを発揮する政治家の評価ができるのか？　できるわけがない。

そして、それゆえにまた残念な話が完結してしまう。

リーダーとか感謝されないし、ウザがられるし、見返りないし、自分にこの先も関係ないし、だからもう政治とかも、自分と関係あるなんて思えない。

リーダーとか無理だから、政治もマジ無理。

大人たちがリーダー、それ以外の役割について詰めた話をしてこなかったから、そうなるのも無理もないし責められない。大人だって、子供の頃、この社会でそういう言葉を聞かされてこなかったのだから、これはもう誰かを責めるという話ではなくて、違う言葉で言い換えて、イメージを変えていくしかない。

とりあえず、リーダーとは「トップ」じゃない。「仕事の種類」の名前だ。

「選択肢」を言葉で示す者

リーダーとは本当は何なのかについて関心も薄く、多くの者が出ると打たれる杭《くい》になることを恐れ、その心の習慣が小学校高学年くらいから心に染みこみ始めるのがこの国の若者だ。にもかかわらず、奇妙なことにたまたまリーダーになってしまったりすると、なんとなくホメられるというか、リーダーとして頑張っていることは、大人にはポジティブに受け取られているから、リーダーの基本イメージがものすごく限定されていて、少々いびつになっているにもかかわらず、なんとなく「リーダーとかにならなきゃいけないのかなぁ」なんて思っている。

リーダーシップをとる人間にならなくちゃ症候群だ。でも今まで見てきたように、学校は君たちの心の重石《おもし》になることだらけなので、ここでもあっさりと言っておく。

全員がリーダーになる必要なんてない。

まずここから出発だ。

人がたくさん集まれば、そこには自然といろいろな能力や特技も集まる。それはこれまでの経験でもうわかっていると思う。だから、そこまでは問題なくこの話を受け入れられるはずなのだ。でもどうにも困るのが、ここにいつも上下関係という心の文法を、勝手に下にしいて考えてしまうことだ。

それぞれの能力は、上下じゃなくて横並びで、かつ「機能—はたらき」の違いなのに、君たちは「能力」という言葉に過剰に反応してしまう。なぜならば、受験をするのに小四くらいから塾に通って、そこでもらうあらゆる紙に「能力」という字が書いてあって、常にそれを問われている生活を送ってきたからだ。だから、能力という言葉を耳にするととっさに「上下関係（天才かアホ）」と使い勝手の限定された図式を考えてしまう。これは本当に困った心の習慣だ。だから言い換えよう。大人になって手遅れになる前に。もう一度書くぞ。

能力じゃない。「機能—はたらき」だ。英語だと"function"、ファンクション。

だから、リーダーとは、リーダーの機能を果たす人という意味だ。それは、**「自分たちの置かれている状況を説明して、その条件のもとでどんな選択肢があるかを示して、おのおのの選択をするとどういう結果とコストになるかを理解してもらって、自分はそのどれを選択**

するかをきちんと示して、君たちはどれを選ぶのかと尋ねる」というはたらきだ。それがリーダーの役割だ。

そして、この中で絶対に外せないことは一つだ。

これをすべて言葉で表現すること。

君たちの多くは、リーダーは「決めて」、「ついてこい」と引っ張っていく、やや良い意味で強引な人というイメージをはっきりと持っているかもしれない。もちろん、そういう場面もあるだろう。しかし、どれがベストな選択なのか、何が正しい決定であるのかは、ここでもやっぱりわからないのだ。だからやるべきことは、いろいろな可能性を交通整理して、実現可能な結果をもたらすためにある選択肢を示して、選択と決断のためのおのおのの考えに耳を傾けてあげることなのだ。リーダーのはたらきとは。

その時、この立場の者はいろいろな風を受けるだろう。積極的に支持してくれる追い風、異論という向かい風、そして悪意もなく優柔不断だったり、本当に迷って判断ができなかったりした時の無風。疲れている、対立する敵が強すぎるなど。空気も薄く、突風もある。

こっちとしては、体育祭で「男子棒倒し」をやることに絶対反対だ。感情のコントロール

が効かないから危険だし、「男なら怪我してナンボ」みたいな伝統は、ジェンダー・フリーの時代にそぐわない。女子がこれを見てどう思うのだろうという想像力が足りない。

しかし、賛成派は運動部系で、三年生の先輩やOBから「うちの部はガチで行けよ」なんて圧力受けてノーって言えないから、撤回させるのは難しい。

ずっとやってきたという伝統は、いろんなものを背負っているからターゲットはしぼれず、体育祭実行委員会での話し合いは苦戦するだろう。

だから反対派の仲間は弱気になりかけている。委員会での決定まであまり時間がない。ゆらめく気持ち、「コロナ以来久しぶりだから、いいんじゃない？　全員出るわけじゃないし」という責められない妥協心、そういうものを前にしているのだ。リーダーは。


ここでリーダーは工夫を求められる。場面によっては「古い伝統を打破せよ！」という、真っ正直で純粋な態度がうまく機能することもあるだろう。それは仲間を奮いたたせる「かも」しれない。でも、相手の対抗心にガソリンを与えてしまう「かも」しれない。

仲間の多くが本当に疲れて心が折れかかっている時には、ピュアな気持ちで突進しようと呼びかけられても「マジ無理」となるから、本心とはちょっと違っていてもあえて作為的に、選ばれた言葉でみんなを励ます必要があるかもしれない。「悪しき委員会案を、だまし討ちみたいに出してきたんだから、こっちだって考えがあるってことをぶつけなきゃダメだろ？」と、静かにドスの効いたことを言ってもいいかもしれない。


正直で正しければみんなが賛同してくれるとは限らない。

自分の気持ちそのままでは、上手な選択肢をつくれない。

それなら工夫と作為が必要だ。


あれ？　もう何度も出てきたこととつながるではないか？

選択肢をつくって、「決めて」、それを「受け入れてもらう」＝政治
結果を得るために、「あえて」、「工夫して」、「最悪を避ける」＝政治

リーダーが政治の何に関わっているのかは、もう一目瞭然だ。

そして、ここに出てくるリーダー以外の者たちは、別にリーダーに服従しているわけでも、言うことを聞かされているわけでもない。工夫をこらした選択肢を示され、もしアイデアが浮かんだらそれに微調整を加えることだってできる。

横並びの関係だ。上下じゃない。

オペレーターとは誰か

こういうリーダーのはたらきを確認すると、これとはかなり異なる仕事ぶりであるにもかかわらず、リーダーと区別なく、やはりここでもぼんやりと「なんかリーダーっぽい人」とされてしまう役割がある。それは、リーダーに期待されている「いろいろな可能性を交通整理して、実現可能な結果をもたらすためにある選択肢を示して、選択と決断の意見に耳を傾けてくれるはたらき」ではない。

組織としてやることになっている、積み重ねられてきた決まり事やお役目を、お手本に忠実に、これまで通りにきちんと実行させて、終わらせて、みんなを安心させる役割だ。

細かい面倒な仕事を、感情を交えることなく、マニュアルときちんと合ったやり方で、地味にやりとげる。環境が変わろうと、やっている作業が、その時いるメンバーにとってどれだけフィットしていなくても（ジェンダー的にもう時代にそぐわないとされてしまっている「ミス○○高校フェス」であろうと）、今それをやることの意味など考えず、「これまで諸先輩が積み重ねてつくった努力の結晶であるマニュアル通りにお役目を果たす」というはたらきだ。

でもこれはリーダーではない。日本の社会ではあまりまだ浸透していない言葉だが「**オペレーター**」という役割だ。

英語でものを考えている友人に聞いてみると、リーダーとオペレーターは、まったく違うもので、オペレーターはマシンとかを監視していて、動きが悪くなったらオイルを指して、ベルトが緩めば交換して、電子制御に不具合があればソフトを点検して、いつもと同じように、永遠の昨日のように、目の前のマシンが動き続けることに集中する操作員なのだそうだ。地味で正確で確実だ。

そして人間のカタマリにおいては、これは絶対に必要な役割だ。そういう地味で確実なはたらきがあってこそ、それを前提にリーダーは、自分たちが直面している問題についての議論も、説得も、未来構想も可能になるからだ。

毎日確実に作動するべきものが不安定なら、みんなの関心は直面し降りかかっている事態ではなく、今の自分の足元の問題に分散されてしまう。安心してリーダー以外の人たちの考えを引きだす役割が果たせない。

こんなふうに書いて、オペレーターの仕事の重要性を説明している僕は、かつてはそれほどそのはたらきを評価していなかった。なぜならば、僕はほんとうに面倒くさがり屋で、エネルギーをかけてやることの結果に、ほんの少しでも楽しさやエキサイティングなことが含まれていないと、どうしても「いったいこれにどんな意味があるって言うんだ？」というとてつもなくワガママで子供みたいな気持ちで心がいっぱいになってしまうからだ。

つまり、僕は役所的なもの、官僚的なものが嫌いなのだ（だから書類関係の仕事がたまると旅に出たくなる）。それらを淡々とやり続けられる人間がいてくれるからこそ、自分のようなワガママな人間も果たせる役割の余地があるのだ。これがわかるには時間がかかった。

つまり、リーダーもオペレーターも、両方僕たちには必要なはたらきなのだ。

ただし、両者の働きは異なるものだと、そこは切り分けてほしいのだ。

心の習慣となりつつある「ピラミッドの上を目指さねばならない」という、無理なことを考える必要はない。上ではなく「横」に目線をうつして、できそうなはたらきを考えれば良いということだ。

人とのつながりから生まれる人間のカタマリにおいては、アメフットでパスを投げるクォーターバックが、お相撲さんのようなディフェンシブ・ラインに「何でお前はパスを正確に受けないんだ！」と文句をつけることは意味がない。はたらきが違うからだ。文句はボールを受けて走るレシーバーに言えばいいだけだ。

そして、自分はリーダーにも、オペレーターにも、どちらにも向いていないと思うなら、三番目のはたらきがある。大丈夫だ。このエリアは広い。

その名は、「フォロワー」だ。

フォロワーがもつ力

リーダーの反対語はフォロワーだ。そうそう、ツイッターやインスタのフォロワー、あれだ。言葉というものは、固定したものを当てがわれてそればかりを頭に入れておくと、その言葉の本来の意味とは違う印象を持ってしまうから注意が必要だ。

フォロワーとは、「従う」という意味だと辞書にはあるが、それじゃ君たちはインスタで友だちに従っているかと言えばそんなことはない。そこをちゃんと頭に置いておけば誤解が生じないのだが、リーダーとセットの言葉だということになると、先にも言ったようなピラミッドイメージ、上下関係的な考えに変に影響を受けて、リーダーとフォロワーの関係イメージにもどうしてもクセがついてしまう。リーダーはなんか偉くて、フォロワーは「その他大勢」という悪気のない勘違いだ。

それを裏付けるのは、フォロワーシップという英語があることを、多くの人が知らないことだ。日本の大人は、子供に対して「将来立派なフォロワーシップを発揮してもらいたいです」と言うことはほとんどない。

ちなみに、「リードする」という言葉の意味のコアの部分は、「何かと何かを結びつける」というものだから、リーダーシップとは、「何かと何かを結びつけるように機能する状態や立場や作法」という意味だ。

反対にフォローは、あまり日本人には伝わっていないが、「ついて回る」、「沿っていく」、「従う」、「(特定のことを)やり続ける」、「説明や意味を理解する」、「注意を傾ける」、「興味をもつ」と多様な意味をもっていて、なかなか一言でズバっとは言えないが、要するに**「ある人や物事に沿って、注意や関心をもって付き合い続ける」**という意味だ。そしてフォロワーシップとは、そういう状態・立場・作法のことだ。

推しのシンガーやライターに対しては興味を持ち続けて、なんとか理解しようとついて回って、「フォローする」をポチっとするわけだ。そして、君たちは推しの俳優やタレントとの間に上下関係があるかといえば、ない。基本は横並びの人間同士だ(「マジ神!」という気持ちはあるだろうが)。

だからリーダーとフォロワーは対等な関係であって、上下ではなく、やっぱり役割や機能の違いとして切り分けなければいけない。そして、フォロワーはリーダーの行動を左右するという大事なはたらきだってあるのだ。

たとえば、サッカー部のキャプテンがチーフ・コーチ（監督）に「明日は、サッカー協会のライセンス資格についてのセミナーがあるから練習に出られない。練習メニューはキャプテンのお前さんに任せるわ」と言われた時、リーダーであるキャプテンの機能とは、コーチの言っていることをそのままメンバーに伝えることではない。彼・彼女はコーチの代役ではない。

経験値の高いプレーヤーのひとりとして、前の試合からどれくらい間が空いているのか、次の試合までに何日あるのかなどを考慮して、前日が激戦で疲れ切っているなら、翌日はあまりハードなメニューにしないで、ロングジョギングをして尿酸を排出させたり、致命的なミスの原因をピッチのうえで確認し合うとか、そういうライトメニューがベターだったりするだろう。

しかし、たまにコーチから「リードしてくれ」と頼まれて、ヤル気出し過ぎたリーダーが「タイムトライアル九〇分終わったら、その後ターン・ダッシュ三〇本な」なんてメンバーに伝えたら、フォロワーたちは、リーダーの言うことにぼんやり従うのではなく対等な関係の中で、「試合の翌日にそんなメニューにしたら故障者が出るし、疲れもとれないし、士気が下がるんじゃない？」とコントロールする方がいい。

コントロール、つまり制御、もっと生活言語に直せば、「メンバーの状態を知らせて適当に調整させる」ということだ。政治学の世界では、「リーダーはフォロワーによって、民主的にコントロールされることで公共利益を逸脱しない決定が担保される」なんて、むずかしい表現を使うが、要するに「やり過ぎだろとツッコむ」ということだ。選択肢をつくるリーダーに情報を与えるのだ。

リーダー一人を責めて雰囲気が悪くならないようにするためには、ツッコミが笑いに結びつくように言葉を選ぶことも必要かもしれない。ここでも、正しいことをそのままぶつけるのではなく、リーダー本人だけじゃなくてフォロワーも、メンバーの力をどうしたら引き出せるかを考えながら、**作為をもって振る舞うと政治になる**。そして、不可欠なものはここでもまったくもって同じだ。

言葉だ。

リーダーもフォロワーも、言葉がすべてだ。もっと言ってしまおう。

政治においては言葉がすべてだ。

フォロワーは「その他大勢」ではない。
フォロワーは「リーダーにひたすら従う人」でもない。
フォロワーは「言葉できちんとリーダーをコントロールする」機能を果たすメンバーだ。

リーダーもオペレーターもフォロワーも、みんな三角形のピラミッドの図に位置づけられる「地位」ではない。彼・彼女らははたらきを基準に分けられる役割の違いによって呼び分けられる対等な関係の中にいる。人は、そのいずれかにおいて、そのカタマリの役に立ちたいなら、自分のできることを無理なく、淡々とやればよいだけだ。なければ見つけたり、必要ならつくったりすればいい。

そして、どれもダメかもと思ったら、この本の定番を付け加えておく。
そういう時には、「はたらく組織って、ピラミッド型じゃなくて、誰が偉いとかじゃなくて、特殊能力がなければいけない、なんて考える必要はないんだな」と思って、**肩の力を抜くだけでいい**。それだけでも、相当いい。

ふう。この章も長くなった。まとめる。

僕たちが仲間をつくる理由は、僕らが弱くて小さくてワガママで、いつだって協力しなければならないからだ。

でもそういう協力関係は、親友じゃなくても可能だ。なぜならば友人といっても切り分ければいいろいろだからだ。

心が通じ合わなくても、なんだか上手くいかなくても、自分が悪いんじゃないかと責めてはいけない。組み合わせの問題だからだ。だから「心の教育」はいちおう参考にして、小耳にはさむくらいでよい。

意見の対立をひどく恐れる必要もないし、どうにも折り合いがつかないからといって、いつも戦わなければならないわけでもない。分かれ道を見つけて、感情をしずめて、相手を肯定して、着地できる地点を探す。「あえて」工夫して大ごとにならないようにコントロールすることを政治と呼ぶ。

そうやってできた仲間のカタマリにある三つの役割を区別しよう。リーダーとオペレーターとフォロワーは、お互いに上下関係になく、そこにピラミッドはない。対等な関係として、できることをやればいいだけだ。そんなに上手にできなくてもいい。ただ、漠然と「上か、下か」と悩むのはやめよう。

僕はここで「対等」という言葉をたくさん使った。またぞろいろいろと面倒くさい言葉が出てきてしまったというわけだ。

対等、平等。

こうやって話をつなげて行くのも結構、工夫が必要なのだ。

そして、またこんな厄介な、でも気になる言葉をめぐる話を、次に持ってくるとは事前に言っておかなかった。すまん、許せ。

ついに次は第四章だ。

まもなく、平等な世界のハードルになっている偏見を「手放すな」、と言われるはずだ。

何言ってんだ？　このオヤジは？　今は、そう思うかもしれない。

でも大丈夫だ。読んだら必ず少し呼吸が楽になるようになっている。

第4章 平等をめぐるモヤモヤ

――公平・公正・分配

心がザワつく厄介な「平等」

どうして「平等」が気になるのか？

前章で見たように、人間は自分が誰かより上だとか下だとか考えがちだ。それは、おのおのの人間の力を引き出すためにはあまり良いことではないし、自分を下だと決めて生きると、卑屈になったり、自分をちゃんと評価できなくなってしまったりするから、要するにそれはモッタイナイことなのだ。

これまでたびたび対等だとか、横並びの関係というふうに強調したのは、人間の結びつきをいつも上下で考える習慣が若いころからつくと、この先いろいろと困るからだ。というわけで、またまたキーワードの切り分けをしてみよう。

そもそも、対等だとか、平等とはどういうことなのか？

うーむ。けっこう厄介な問題だ。

それなら面倒だからと、みんなこのことを放置しておけるかというと、ぜんぜんそうじゃない。もう気になって気になってしょうがないくらい、この平等という言葉にはいろいろに反応する。とくに、誰かがど真ん中の正論として「平等が大切です！」なんて不注意に言おうものなら、もうすぐにねじくれたリアクションが生まれて、「平等ガー！」なんてちゃかされたり、ツイッターなんかで「平等お花畑」なんてバカにされたりする。

とにかく、この言葉は人間の感情のある種のスイッチを入れてしまうのだ。どうしてか？

みんな、「世界は不平等だ」と思っているからだ。

そして、君たちも教室や学校はたいして平等な場所じゃないと思っている。

でも平等というキレイゴト、そういう立派なことを言うやつが顔も見たくないほど嫌いだというわけでもない。平等であることは、正しいことだと思っていたりもするのだ。でも、どうにもすねたような反応をする人が多い。これは、自分自身がどのように扱われているのかという問題に対して少々不安を持っているからだと僕は思う。

そういう僕は、この世の中は平等ですかと尋ねられたら、「不平等に満ちあふれている」と答えるだろう。でも不平等といっても、何の不平等なのかとか、どういう意味でというところを丁寧に考えなければ、「オレ・ワタシはアイツと同じじゃないじゃん」みたいな雑な話になってしまう。

とにかく、僕たちは明らかにヒドい扱いを受けていて、そのために苦しい思いをしている「小さく、下の方に置かれてしまっている人」に対して、彼・彼女らを擁護しようとして「そういうのは不平等だよ」と発言すると、「そういう扱いをされるには、それなりの理由があるんだから、される側にも責任がある」とか、「誰も彼も同じように扱うことなんてしょせん無理」なんて投げやりな反応が返ってきたりする。

クラスの中で、明らかにイジられるというレベルをこえてヒドい扱いを受けているやつがいるのに、おいそれと「ヒドいよ。やめたほうがいいよ」とは言えない。それは、本当にイジってるだけだと思ったからという場合もあるが、「これってマズくない?」と思っているのに、それを口にするとどういう面倒が自分にふりかかるのかを先回りして、迷っているうちに時間がたって、結局それを見過ごしてしまう、なんていうこともある。だから、それは正義vs悪という話というよりむしろ、スプーン一杯の勇気の話だ。これが出ない時もある。

そうではなくて、「下に置かれた小さき者」とされている人に、「そうなる理由があるんだから、文句ばっかり言えない部分がある」と、なおもムチを打つようなことを言う人たちが必ずいることが僕は気になっている。なぜならば、いろいろな意味で特権的というか、「上にいる大きい存在」とされている、けっこう恵まれている、「持っている」と思われている人は、逆にヒドい扱いを受けている者たちに、あからさまに厳しいことを言わないからだ。厳しく当たる人は、実はその人自身があまり恵まれていない、「持ってない」、かなり弱い立場にいる人だったりするのだ。弱いやつが弱いやつに厳しく当たって、弱い者同士がヒドいやりとりをしているのを、誰かが余裕で上から眺めているという切ない図式だ。「金持ちケンカせず」なんていう嫌味な言葉もある。

弱者が弱者を痛めつけるという光景は、教室だけでなく、この社会に広く見られるものだ。そしてその原因は、不平等や格差がまかり通っている世界で、多くの人が「自分はどこか不当な扱いを受けているような気がする」と思っているからだ。「オレ・ワタシだってかなりヒドい扱いを受けているのに、どうしてアンタだけ同情されたり、救われたりしなきゃいけないの？」という気持ちがそこにはある。

以前、母子家庭に育って、ある事情から苦しい生活を強いられている女子高校生が、お母さんが必死に子供たちを育てている状況を説明するインタビュー番組に出演したら、画面のなかにＤＶＤやソフトが映っていたことが発端となって、ネット上で本当に悲しくなる炎上が起こった。

生活保護もらってるくせにＤＶＤソフト持ってんのおかしいだろ？

同じことは、「生活保護を受けて市民の税金で食ってるのに、エアコンとか要求するのはゼイタクだろ?」という非難にも表れた。生活保護費がいくらなどと、具体的な数字が出てくると、「こっちなんかそれ以下だ!(怒)」と、また炎上だ。

今の社会を普通に生きるためには、母子家庭生活をしている人たちには、仕事を探したり、安い子ども食堂を活用したりするのにスマホやパソコンは必要なものだし、熱帯化している日本列島の夏は、もうエアコンがないと命の危険にさらされるから、それは決してゼイタクなものではない。それは呼吸を整えて考えれば誰もがわかることなのに、こっちだってヒドい暮らしに追いやられているのにと思うと、その余裕がなくなってしまうのだ。責められるべきは、保護を受けている人たちではなくて、その人たちの保護費より安いお金で人をこき使っている経営者たちなのに。

こういうふうに、平等―不平等の話は、人々の負の気持ちを引き出すという面を持っている。だから厄介なのだ。

「あの人だけ苦しまずに済んでいる」

こんなふうにいろいろとモヤモヤが発生するもう一つの理由は、僕たちがどこかで「これだけのものを差し出したんだから、それにふさわしいものが返ってくるべきだ」という、等しい物の交換という考えの前提を抱えているからだ。これも人が生きている最中に身につける心の習慣だろう。それもやはり善悪の話ではない。だから責められないのだ。

たとえば、アキラが学校に来ていない。もうずっと来ていない。いわゆる不登校というやつだ。なぜかはまわりにはわからない。推測するだけだ。そもそもアキラ本人ですら、どうして朝、制服を着て玄関まで出られるのに、その先に体が動かないのかがわからない。

僕が中高生の頃は、まだ不登校という穏やかな言葉がなくて「登校拒否」という乱暴な言葉で表現されていて、あたかも学校に行こうとしない頑固で聞き分けのないワガママな子供という香りすら漂わせていたし、そういう子供を育てた親が悪いのだという目線があった。

しかし、今や学校に行かないと判断する生徒は例外的な人たちではなく、もう日本全国に層をなしているくらいたくさんいる。しかも、その中には「行きたいのに行けない」生徒もいれば、「行きたくないから行かない」という生徒もいるし、「行かないけど勉強は好き」、「行かないで家で学びをしたい」という場合もある。僕など本気で「一〇代の若さで、自分で『行かない』と判断できるんだから、すごく強いやつだな」と思っている。

そんな時代になっても、やはり学校に行かない判断をしたやつがエラいってホメられたり、あっさりそれを認められたりすることにモヤモヤを抱える生徒だっているのだ。なんであいつ学校こないの？　オレ・ワタシだって学校ウザいし、行きたくないって時もたくさんあるのに、でも我慢して努力して行ってるじゃん。いいよね。かんたんに行かないって言えて、それでそれが認められる人は。しかも「アキラはそれを自分で決めた」なんて、ホメてるキョージュもいるし。不平等じゃん、と。

ほとんどの諸君は、不登校の友だちがいて、自分は学校に無理して行っているからといって、不平等だとまでは思わないかもしれない。でも、この心のカラクリは、君たちが学校を出た後の生活においても出くわす、よくよくあるカラクリなのだ。それは、

「どうして、こちらだけが苦しみを味わって、そこから解放されてるやつが普通に生きてるのよ？」という、不当だという気持ちだ。

言い換えてみると、「苦しみや辛いことは、みんなが平等に引き受けるべきなのに、それをしないで済んでいる人がいるのはズルいんじゃないですか？」という理屈だ。全員が部活の試合の帰りに用具とか重いもの持って帰っているのに、なんであいつだけ手ぶらで楽ちんなのよ、というわけだ。

僕たちの社会は、隣人が何か良い思いをすることに関しては、抜けがけや、スーパーキャッチを許さない。裏を返せば、辛い思いをすることに関しては平等という基準がものすごく大

切にされる。「みんなも辛い思いしてるんだから、自分だけ楽したいなんて言えないっすよ」と言うやつを悪く言う者は一人もいないのが僕たちの常識だ。なにか良い思いをしたのは、そいつに才能や努力があったからだから、すごいなと思えば良いだけなのに、「あんちくしょう。上手いことやりやがって」となるのだ。そして、本来ならみんながなるべく平等に果実を手に入れられるべきなのに、とはならない。平等に苦しむことが正義になりがちだ。

ズルい？　ズルくない？

それにつながるのが、運動会の徒競走のさいに平成の時代に一時期行われた「走者全員が手をつないでゴールする」という試みだ。運動会の徒競走では誰が速くて、誰が遅いのかがまるわかりになってしまって、足の遅い子は辛い思いをするから、みんな平等にゴールするべきだという、チャレンジングな運営だ。

僕は、徒競走でビリッケツになることの屈辱よりも、「足の速いやつに手加減をされて、ケアされて、そのことでなおいっそう自分のダメさ加減が明らかになってしまうこと」のほうがよっぽど残酷だと思うのだが、「優劣をさらすことは格差を認めることになる」という配慮を重ねた考え方によって、こういうことが行われていた。足の速い、優れた、持っている人間も、持っていない人間と同じように平等に苦しむべきだということなのかもしれない。「平等に苦しむ」を、「おのおのにふさわしい負担をするのが平等」というふうに言いかえると、「一部の者たちの努力のおかげでみんなに恩恵がある」ということの裏側である「何も負担していない人が苦労なしにサービスを受ける」話も、平等とかかわる気になる問題だ。これを政治学や経済学では「フリーライダー（タダ乗り）問題」と呼ぶ。

これは、本来ならサービスを受けるためにそれなりの負担をするべきなのに、それなしにサービスをゲットするのはズルいとされる話と、一部の人の努力や能力のおかげで、私的なものではなくて、公共のみんなのために必要なものが用意されて、それを受けとれる場合とがある。

学校を舞台に考えると、三年B組が県の合唱コンクールで賞をとって「すごいじゃん！」なんて言われているけど、なんだかんだと理由をつけてサボったり休んだりした連中も、同じB組だというだけで、要するにフリーでホメられたみたいなことがある。

生徒の有志が早朝から通学路の坂道の雪かきをしたり、塩をまいて凍結にそなえたりした結果、一ミリも動かないで何もしなかった多数の生徒が雪道を転倒しないで安全に登校できるなんてこともある。負担した者だけがサービスを受けられるのではなくて、フリーで安全を手に入れた典型的なフリーライダーだ。前者はモヤモヤするが、後者の場合はありがたいことになる。

平等をめぐる話には、もうひとつ、そうするのが合理的だけど扱いが同じではない、という例もある。たとえば、男女混合でやるドッジボールなんかは（中学以降はあまりやらないけど）ある意味で不平等な話だ。狭いドッジボールコートの中、フィジカルが上まわる男子が投げるボールは強くて速くて、時には危険かもしれない。だから、女子相手には優しいボールを投げて、手加減をしてやる。

それで「不平等だ！」と文句を言う人はほとんどいないけど、これは「筋力その他の運動機能として女性は男性よりも弱い」という客観的評価がある以上、「軍人」「消防士」「プロアスリート」などの活動エリアでは別扱いとすることも多い（アメリカの海兵隊は性別で分離しない。徹底している）。

君たちの通学電車なんかも、（都心部では）朝だけ女性専用車両があるが、これを「女性差別だ！」とか、逆に「男だからという性別によって乗車を拒否されたから差別だ！」なんて文句が出ることはまれだ（まれだけど実際にある）。なぜならば、扱いを別にすることに合理的な理由がそれなりに用意できるからだ。

女性専用列車を用意すると、全体的に見て、間違いなく通勤通学時の満員電車での痴漢行為が減る。本当に悪質なものもあるけれど、混んだ電車においては誤解が生ずる確率も高くなるので、それを避ける意味でも、別車両は「比率を減らす」という目的に照らして合理的だし、電車を利用する女性で不愉快な思いをする人が少しずつ減っているだろうと考えられる。長い期間を通じて多くの人の幸福につながるものは、扱いが異なっていても良いということになる。

よくよく取り違えられるのが、「ボランティア」だ。ボランティアというのは、「自分からすすんで」という意味がコアにあるから、その活動はその人が決めるものだ。

ところが、僕たちの社会では時々このことがスポーンと抜けて、「一人一役のボランティア」などという物言いで、気がついたら「ボランティアを押し付けられる」なんていうおかしなことが起こる。

一人一役という言葉自体は、「ささやかでも、それを一つに集めることで大きな力となる」というところに重しがあるけど、問題は、いかにも平等そうな言葉とは逆に「そういうことになってるんだからやるのが当然」とさせられてしまうところだ。ここをみんな注意しないから、心に落ちないことがあちこちで起こっているわけだ。一人一役という言葉は、ボランティアの精神とは真逆の言葉だ。

ここでもまた出てきた。「人の言うことを聞かされる」という話だ。

これに対して返す言葉はもう一つしかない。

ボランティアは、苦しみを分かち合う苦難の平等のためにあるんじゃなくて、やってあげたいという気持ちから生まれる「幸福な不平等」だ。

じつに単純にいかないのが平等の問題だ。

とにかく、僕たちは「平等」というでっかい看板のあるお店には、どんなものが並んでいるのかを、もう少し切り分けて確認しなければいけないようだ。

平等を切り分けてみる

スタートラインでの平等――扱いの平等

平等という言葉にいろいろ反応してしまう人にまず押さえてほしいのは、「平等を！」と主張する人みんなが「全てを同じにしろ！」と言っているわけではないということだ。何が等しいのかが説明されていなければ、「猫は毎日昼寝ばっかりして楽ちんそうだ。俺は忙しい。不平等だ」なんていう説得力のある冗談になってしまう。

そうならないために、まず区別してほしいのが、平等と公正（フェア）の違いだ。「扱いが同じ」と「扱いが公平」とを分けると言ってもいいかもしれない。スタートラインの平等とゴールの平等とを説明分けするとわかりやすいだろう。

たとえば、コロナ禍のために学校の授業がZoomやTeamsを使ったオンラインになった時に、全員にiPadを支給するという教育委員会の決め事は、すべての生徒を平等に扱うという目標で行われる。ここで「試験の平均点が五〇点以下の生徒には支給しない」なんて決定がされたら、それはチャンスの平等という条件を奪うことになるから不公平だ。

長いこと日本の大学の医学部の一部は、ひそかに男子受験生の得点に調整と称して加点していて、結果的に合格者が女子学生ばかりにならないようにしていたことが数年前にわかった。どれだけ頑張っても、女性だという自分ではどうしようもないことを理由にそうした操作がなされたのだから、それはもう機会の不平等だ。許しがたい話だ。肌の色で最初から教育を受けることができなかった昔のアメリカ南部で行われてきた人種差別と何も違わない。

他の大学入試はどうだろうか？　僕の勤める大学の入学試験では、自分ではどうしようもないことを理由に不平等な扱いをすることはないが、それでは誰もが平等にチャレンジできる機会を与えているという出発点だけで、平等は完全に確保されるだろうか？

高等学校修了するていどの学習指導要領を大きく逸脱しない範囲から公平に問題が出されて、差別なく同じ受験料を払って、試験開始時間や終了時間なども厳密にそろえて、徹底的に不公平がないような運営で全員同じ問題にチャレンジしてもらう。ここがきちんと用意されているなら問題はないと言えるだろう。

しかし、自分ではどうしようもないことで、厳密には同じスタートラインについていないと考えられる部分もある。たとえば、勉強をするための環境だ。調査をすると、大学の合格者の親の収入には明らかに差が見られるとのことだ。難関校に合格する生徒の親のほうが、豊かな場合が多いのだ。

そんなことを言うと、戦争に負けてみんなが貧乏だった時が高校や大学の試験のタイミングとなった僕の父母の世代は、「夜中に電灯がついていたのは駅だけだったから、木のみかん箱を担いで駅の灯りで勉強したものだ。それで東大に入った友だちもいた。いろいろゼイタクを言っているお前たちは甘っちょろいのだ」と説教していた。もちろん、みんながそろって恵まれていなかった時代の話は、今そのまま当てはめることはできない。

でも、この話はもう終わった話ではない。

初めからある不平等

勉強をする条件の違いは決定的だと、君たちだってわかるはずだ。毎晩酔っ払ってベロベロになって帰ってくる父さんが母さんと喧嘩ばかりしていたり、おじいちゃんの介護をする人がいなくて、一五歳の君が学校から帰るとつきっきりでその役割を引き受けていたり(ヤング・ケアラー問題という）、両親が君たちきょうだいをネグレクト（育児放棄）して、すべての家事を君がやらなければならなかったりする暮らしだったら、とてもじゃないが勉強などできるはずもない。

朝起きればご飯ができていて、家のローンの支払いくらいのお金を塾に使えて、一人で勉強に集中できる冷暖房完備の個室があって、苦手科目には個別指導の家庭教師がいて、勉強以外に何もする必要がない生活をしている生徒は、やっぱり有利だ。

家にアトリエがあって、幼稚園の時から絵の具やクレヨンなんかが好きなだけ与えられて、ピカソやドガのスケッチ画集に、画家のおじいちゃんに「上から好きなように絵を描いていいよ」なんて言われて育った子供は、美術大学に合格しやすいかもしれない。

どんな環境で育つか、どんな地域で暮らすかは、生まれてくる子供にとって、自分ではどうすることもできない、選択ができない条件だ。

だからそこがけっこう効いてくるような競争をする場合は、誰にでも開かれた試験だと言われても、「それって誰にでもじゃないじゃん」と言いたくなる。この世には、勉強なんかする暇があったら代々続く家の仕事を手伝えと毎日言われている人もいるし、その時は鉄のような強い意志がないと、「どうしても国立大学の医学部に行きたいから、父さんの後は継げない」なんて言えない。

日本社会のある年齢以上の女性は、子供の頃から女は結婚して子供を産んで家庭を守るのが一番の幸福なのだと言われ続けて、何かにつけて女のくせにとか女だてらになんていう言葉を浴び続けてきた。そうやって時間をかけて心の習慣と女性の成功人生の基本イメージをすり込まれてきたから、ハーバードの医学部に行って腕ききの外科医になってニューヨークの大病院の緊急救命室でたくさんの人々の命を救っている自分なんてイメージを持ちようがなかったかもしれない。それは妄想に近い話だと。

そうだとすれば、それはもうその社会の基本条件が不平等であることを表していることになるだろう。自分がどういう未来の選択肢を持ち、それをどのように自分で決めていくかという道が意識の中ですでにもう狭いものにさせられているということだ（硬い言葉では「適応的選考形成条件の不均等配分」なんていう）。

平等というのは、**自分の先にどんなチャンスが展開しているかという人生の見通しにおいて、どれだけ平等に人が意欲を持てるか**が非常に重要なのであって、もし最初から諦めてしまう人がたくさんいるならば、その社会はそうなっている理由に何らかの不平等があるのだと、アメリカのロールズという政治哲学者は言っている。

最初の最初で、もういろいろ諦めさせられてしまっているのだ。

入試における人種枠、男女別定員

この本は、教室や学校の風景からのデータでなるべく説明すると言ってきたから、ちょっとだけはみ出るかもしれないが、興味深い例がアメリカの学校にあったので、ここでは触れてみたい。学ぶ条件として何が大事かという意味で君たちとつながっている話だ。

アフリカ系アメリカ人の苦しい歴史は、建国よりも二〇〇年弱くらい昔から始まっていて、さすがに人種差別が世界で非難され、裁判所も一九五四年に「差別は憲法違反！」という判決を出していたから、六〇年代の公民権法と呼ばれる法律によるサポートは、かなり踏み込んだものだった。「人間は神様が平等に創りました」という憲法の文があっても、南部ではなかなか差別がなくならなかったから、大ルールとしての平等というだけでなく、結果であるゴールも平等にするために具体的なシステムをつくった。

それはクォータ制といって、平等を実現させるために一定の枠をつくることを義務付けたものだった。人種差別を放っておけないのは、教育を受ける機会を奪うからだ。人種差別によって黒人は自由に学校を選べないから、その結果ロクな仕事に就けないし、そうなると貧困が運命づけられる。そして、それは次の世代の教育にも直接影響を与えてしまう。そうやって人種差別はみじめで苦しい生活を未来にまで継続させてしまうのだ。そこからはい上がる機会が奪われるからだ。

だからアメリカの州立大学では、入学者の中にあらかじめ黒人の枠を決めて、「この州にこのくらいのアフリカ系の人が住んでいるのだから、その数に比例した割合で入学者を確保して、結果の平等も確保すること」と、差別をただす制度をつくったのだ。

こういう積極的なやり方は、政府と付き合いのある企業などにも適用されて、割りあて通りに黒人を雇わない企業には政府は仕事を発注しないという強力な政策が実行されて、この後二〇年くらいで、アメリカの黒人の中程度の暮らしができる人たちの数は六倍にもなった。教育を受けて、まともな仕事に就けると人生は変わるし、ちゃんとお金も貯金できるから、その子供たちも良い教育を受けることができるし、何よりもそのことで人間としてのプライドを持つことができる。逆に言えば、差別というものは、それほどいろいろなものを人間から奪ってしまうということだ。

しかし、こういう入学試験のやり方に対して、今度は白人のバッキーくんという学生が、「肌が白いという理由で、アフリカ系の受験生よりも点数が高かったのに、医学部を二年続けて不合格になった。これは人種差別だ」と裁判所に訴え出たのだ。肌の色のせいで自分の実力が公正に評価されなかったという主張だ。

裁判所は、長年続いた人種差別を改善させるために、積極的方式には意味があることを認めたけれども、バッキーくんが不合格になった根拠を大学は合理的に説明できていないという理由で、大学の合否判断は憲法に違反しているという判決を出した。「肌の色がアフリカ系ならば合格していたはずだ」と考えるのは、バッキーくんが集めた資料や証拠からすれば納得のいくものだったから、彼の訴えは認められた。

この出来事が示しているのは、スタートラインの平等とゴールの平等の関係がすごく複雑な問題をはらんでいるということだ。本当に平等な扱いをするためには、踏み込んだシステム（クォータ制）を用意する必要があるけれど、バッキーくんのような条件だって、自分で選んだわけでもなく、たまたま有利な、差別してきた側に生まれてきてしまっただけであって、本人が自分ではどうしようもないことで自分のありかたを決められてしまうことは、やっぱり理不尽なのだ。何百年もやってきた白人による差別の代償を、後の世代の若者がすべて背負うのも気の毒だろうと思う。

そして同じことが君たちの国ニッポンでも起こっている。

全国で東京都立高校だけが、入学者定員枠を「男女別」に設定しているのだ。そしておおよそ、男子枠よりも女子枠の方が高競争率になっている（とくに近年大変な倍率になっている中高一貫校など著しい）。すると先ほどのバッキーくんの話と同じことが起こる。男子の合格者の最低得点よりも高い得点を取っても、女子の方が全体として点が高いから、枠内競争で不合格になるケースが出てくる。

ここから生まれる「男子の最低点合格者よりも得点が高いのに女子だという性別を理由に不合格になったのは性差別です」という抗議には、合理的な根拠がある。この主張に反論するためには、学校側はどうして男子枠と女子枠を別々につくらなければならないのかをきちんと説明できなければならないだろう（二〇二四年の入試から、この枠は撤廃される予定だ）。

この章も長くなるので、ここで一度前半をまとめておく。

平等という言葉は、人間の感情に何らかのスイッチを入れる言葉で、とりわけ自分が不当な扱いを受けているのではと不安を持つ多くの人にとって、心の波を生み出すものだ。この時、暮らしぶりが苦しい人、弱い立場の人に厳しい態度をとるのは、恵まれた人ではなくて、ちょっとはまだマシだが、それでもあまり余裕のない人であることが多い。弱者が弱者を叩くのだ。

平等をめぐるモヤモヤはいろいろだが、僕たちの社会では「苦しみの平等な分担」という暗い平等の語り口が強く、不平等が生じる原因を考える方向性が弱い。

平等や不平等には、フリーライダーや、合理的な別扱い、ボランティアなど、いろいろなものが含まれていて、きちんと切り分けないと、子供じみた話になってしまう。

とりあえず「スタートラインの平等」と「ゴールにおける平等」をきっかけに考えると、

公平なルールだと思われているスタート時の条件も、それを生み出す基盤そのものがすでに不平等になっている場合があり、結局大切なのは、未来に対する期待と展望を公平に持てるための条件であることがわかる。

そのために人々がどんな工夫をしてきたかは、アメリカの人種差別問題を知ればわかる。人種枠で大学の合格者を決める積極的な対応は、ゴール時点での平等の確保を目指したものだったが、逆差別だという批判も成立するから、非常に難しい問題を含んでいる。同じことは、君たちの身近にある高校入試の男女定員枠の例でも明らかだ。

平等でないと困る理由

カタマリが壊れる――敵意で分断される

平等という問題もいろいろだと、少しはわかってもらえたと思う。

そこで、またぞろ「そもそも」の話となる。仕方がない。

どうして不平等が過ぎるとまずいのか？

誤解されているが、人の暮らしぶりの良し悪しは、心がけが原因で起こるわけではない。この話はちょっと面倒で、うかつな語り始めをして深入りしてしまい、本のページが倍ぐらいにならないように気をつける（貧富を生み出す原因の話は本当はとても大事な問題なのだが、本書ではバランスを考えようと思う）。

人がいい暮らしをすることができる理由はいろいろだ。大きくて有利な商売ができる会社に勤めている。あるいは、時流や機会をつかんで独創的な仕事をして、誰もができるわけではない結果を出して、それが高く評価された。そういう会社に入る、あるいはデキるやつになるための高い教育を受けているなどの条件をそろえている。そうできた理由も、できなかった理由もまちまちだ。

裸一貫で（ゼロベースからという意味だ）すべてを築き上げ、巨万の富を得た人もいる。それほどでもないが、上手に仕事をまわして、人にも幸運にも恵まれて、豊かな暮らしをできるほど稼いだ努力家もいる。逆に、わずかなきっかけで坂道を転げ落ちるように貧困に陥った人もいるだろう。生まれながらぜんぶそろっている家に生まれたという人もいる。いわゆる「銀の匙《さじ》をくわえて生まれてきた」人だ（大金持ちの子供の別表現）。不運と悪条件ばかりにやられた人もいる。

この違いはどうしようもなくこの世の中にある。そして、明らかに不正なやり方で豊かになった例以外は、この違いはあるていど仕方がないことになっている。

だから励ますように大人は言う。「努力すればどんな夢だってかなうのだ」と。

でも、あまり不確かで、雑なことを言うべきではないと思う。かなわないこともたくさんあるからだ。

金持ち一族が一〇〇年かけて築き上げてきた豊かさを、わずかな時間でゲットできる人は、もう何千万人に一人くらいの幸運な人だ。その昔、貧しい人が「神様、どうして私はこんなに暮らしが苦しいのですか？」と天に尋ねると、教会やお寺は何と答えたか？

「もっと愛し、祈りなさい。」

「すべてを捨てなさい。」

でも、協力して働いて生み出した財産を分ける世の中のやり方が間違っているのだと、初めて科学的に説明したドイツの思想家マルクスは、お天気のような自然の力で貧富の差が生まれるのではないと説明した。そこにはカラクリがあると。

彼は、そういう格差の激しい世界をどうしたら修正できるのかという問いに対しては「働く者たちが耐えきれずに世界をひっくり返すことになる」とまでは言ってくれたが、その先は自称弟子たちが、勝手なことをたくさん言って、それをやってみた国はその後あまり上手くいっていないというのが、世界史の現在の答えだ（未来はわからない）。

わかっているのは、「ルール・ゼロでやる経済の競争は社会を壊す」ということだけだ。

そして、それがわかっているけれど、いろいろな損得勘定で生きる人間のワガママもあって、経済の格差と、それが生み出す生活や人生の格差や不平等はなかなか修正されない。相変わらず、富める者と貧しき者の両方の人々を世代を経てつくり続けている。

そういう条件を抱えている社会では、チャンスは平等に与えられていますよと言われても、実際はもう「はい、スタートから不平等です」ということなのであって、悪い条件のもとに生まれ育っている人は、「もう何をしたって、どうしたって、そういう違いは埋められないんだよ。何をやっても無駄なんだ」という投げやりな気持ちになる可能性が高い。いろいろなことを諦めてしまうのだ。

そして、それは何を生み出すか？

「オレ・ワタシたちとアイツら」という分断の気持ちだ。

これがひどくなると、僕たちがあの大前提で確認した、社会が存続するための基本的信頼がやせ細っていってしまう。「医学部の入試で女性差別があったって？　医学部受験って、そんなお嬢様の話、オレ・ワタシたちには関係ないじゃん。こっちはもっとちゃんと休めて美味いもの食べることで頭がいっぱいだよ」なんていう、人間のカタマリの分裂は本当に寂しい。この分裂がひどくなって、かつそれが何世代もの長い間固定化されるとそれは「階級」と呼ばれる。

日本は、僕が中高生だったころ、世界が景気の悪さとモノの値上がりの両方に苦しむのを横目で見ながら、なんとか経済を盛り上げていたから、「一億総中流社会」なんて言われて、基本的にはのっぺりと分断のない、真ん中がものすごくたくさんいる国と勘違いされていたのだが、昨今の様子はもうこの分断がひどくなってきたと言われている。

序章「大前提」のところで言ったことをもう一度思い出してみよう。

自分とは直接面識はないし、これからもないだろうけど、何かとても納得のいかないヒドい目に誰かがあったら、「それはいくらなんでもヒドいんじゃないですか？」と、必ず気持ちを寄り添わせてくれる人がいるはずだという「信頼の気持ち」があってこそ、社会という「あまりサイズがよくわからないけど、あるものとされているカタマリ」は支えられている。

「連中（やつら・アイツら）とオレ・ワタシらは別の星の生物なんだろうよ」という気持ちがお互いに育ってしまうと、もう「そりゃひでぇんじゃないの」じゃなくて、「あの連中ならそんな目にあっても自業自得じゃないの?」なんていう気持ちが出てきてしまい、前の章で書いたいろいろなつながり方や、協力の仕方の台の部分がなくなってしまって、文字通りの台無しになってしまうだろう。

それはやっぱり良くないと思う。君たちが学校を出て、働く人生になった時に、できればそういうふうであってほしくないのだ。なぜなら、何度も言うけれど、僕たちは弱くて小さくて、協力しないと幸福になれないからだ。

自尊心を失わせる——ポテンシャルを眠らせる

克服不能で固定化されたままの不平等や格差があると、僕たちは自分自身を肯定する力と根拠をどんどんなくしてしまう。人間がこんな面倒くさい、どうせ死ぬってわかっている時間を、それでもなんとか楽しく生きていくことができるのは、どれだけ地味なものであろうと、「自分はこの世の中に生まれてきてよかったのだ」という、自分がいることにいくらかでも喜びを見出す理由があるからだ。それがなければ、人は明日も朝起きて歯を磨く気力すら起こらないかもしれない。

自分の選べない条件、ちっぽけな自分一人だけの力ではどうにもできないことに直面して、あまりにいろいろなことを諦めざるをえないことになったら、自分がこの世の中にいる意味があるのかと、今よりも未来がもっと不安になって、何をやってもどうせダメだと、心のスタミナが切れて決めつけてしまうだろう。

お金がなかったり、いい学校に入れなかったりすることは、その人間の善悪の問題じゃなくて、運不運だったり、いちがいに決められない要領の良さ悪さなんかも関わっているはずなのに、「オレ・ワタシはぜんぶダメ」と思い込んでしまいがちだ。今はまだ発見できていなくて光が当たっていないけど、思い直して前を向けるきっかけや方法がまだあるかもしれないのに、あまりに不平等や格差がひどくなると、そういう自分の持っているかもしれないポテンシャルを掘り起こす気力も体力も奪われてしまう。

ヒドい不平等や格差は、人間から希望を奪い、人間を眠らせる。

もちろん、僕はすべての人には自分の希望通りの人生を歩む道が開かれているなんて、根拠のないことを軽々しく言えない。ある程度の年齢になると、多くの希望が実現できていないことにがっかりするし、誰もが「もう一度生まれ変わったら?」なんていう話をして、居酒屋ではそれがけっこう盛り上がったりしているから、人生はまことに複雑だ。

でも、そこは一〇〇点と〇点の二種類しかないという話ではないだろう。僕たちにはとんでもなく広い中間ゾーンというものが用意されていて、ベンツが買えないからもう人生の敗残者だとか、マンションを買えたからもう勝者だというわけでもない。行きたかった有名進学校に落ちたからといって、それ以外の人生の道が暗黒であるわけがないし、難関大学に何百人も合格するような学校に行っても、二〇年経って偶然地下鉄の中で再会したら、仕事のストレスでくたびれたオッサンと化していたなんてことは普通のことだ。

そんなことは、だんだんとわかってくるし、いろいろあっても楽しく暮らしている人をたくさん知っているのに、とくに若いころに心に刻みつけた、あまり根拠のない「オレ・ワタシなんか何でもないやつだ」という決めつけは、この不平等と格差の中で、もっと強くなってしまい、いくらかでも人を幸福にできるはずの力を、自分で封じ込めてしまう。

グレートな人を発見できなくなる

不平等や格差が邪魔になるのは、自分のポテンシャルを見出す時だけではない。友だちや隣人のそれにすらカヴァーがかかって見えなくなってしまうのだ。

自分をそれなりに肯定できない人たちが増えると、その人たちはひっそりと自信なく引きこもってしまう。華々しい他人の姿も、彼・彼女らからの視線も避けたくなるからだ。そして、ひっそりと自分を脅かさない者たちとつるんでいるだけになる。

人間にお宝のような力とセンスが隠れているのかいないのかはわからない。必ずあると断言はできない。でも、あるわけがないという根拠もない。だから、見つけたいと思う。理由はもう何度も言ってきた。

僕たちは弱くて小さくて助けが必要だからだ。

でも、多くの人が舞台に上がってこないと、僕たちは人生や生活というお芝居を通じて優れた役者を発見できなくなってしまう。きちんと肯定して、感謝を告げて、いっしょにまたお芝居をやろうと約束して、その友だちを紹介してもらって、その人がまたグレートな俳優で、「こんな人がこんなところにいたなんて！」という気持ちになって、それは「オレ・ワタシらもまんざら捨てたもんじゃないよなぁ」なんていううっすらとした自信とエネルギーになる。世界があるていど平等だと、グレートな人を発見しやすくなるという意味だ。

前にも触れたように、僕たちは民主主義と聞くと、それは「多数決のことでしょ？」くらいにぼんやりと考えていた。そして、民主主義は自分の人生や生活に関わることについて、自分のいないところで勝手に決め事をしてほしくないという気持ちをたずさえて、言うことを聞く理由や言うことを聞かせる理由をはっきりとさせて、腹を括《くく》って自分で決めたことだからとして、協力しながら暮らしていく作法だと、僕は説明してきた。そしてここで、もうひとつ民主主義のありがたいことをリストに加えたというわけだ。もう一度確認する。

平等を大切にする民主主義のおかげで、僕らはグレートな人を発見しやすくなる。

だから、逆にいうと、政治、決め事に参加する人が少なければ少ないほど、そこではグレートな人間を発見しづらくなるのだ。独裁国家は恐ろしくて卑劣で暗黒だけれども、そうなる原因も結果も、この貧しさゆえの狭さに原因があるのだ。舞台に上る者が極少だから、いろいろな才能もセンスも発見できない。すると、とんでもなくアホでセンスのないやつの好みで世界が色付けされてしまう。

その意味で、ここで言いたいのは、平等は道徳的に正しいから大切だということではない。弱くて小さい僕らが力を何倍にも増幅させるために、**不平等を減らして、格差を縮めて、民主主義の強い土台にした方がお得**だということなのだ。

民主主義を語るのに損得勘定の話をすると、すぐに不謹慎だとか不純だとか説教をする人がいるが、人の道を熱心に説いて人間の身体が動くならいいけど、僕たちが肉体を通じて納得するのは、よくできた、さわやかな損得勘定なのだ。自分を助けてくれるものが、合理的に理解できれば、人は身体で政治をするはずだ。

「差別やイジメはいけません」では足りない

これを裏返しにしても同じことが言える。もっぱら人の道として扱われ、どんづまりになっている差別や偏見、そしてそこに関わるイジメの問題だ。差別や偏見は人の道に外れますと言われる。まったくもってその通りだ。

「人としてどうよ？」というかなり大事な問いなのだが、でも「人は元来こういうものでしょう？」という「人の設定の仕方」が自分勝手だったり強引だったりすると、自分の好みで乱暴に「この人でなし！」と終わらせてしまうことになる言い方だ。注意が必要だ。そして、誤解されるとヒドい目にあうのでしつこく強調しておく。

人を差別し、偏見にもとづいて勝手なグループ分けをすることはまことによろしくない。なぜならば、大前提で確認したように、この世にいる人間は一人残らず一回しか登場しない奇跡のような存在なのであって、その取りかえの利かなさには一切の例外がないからだ。一人ひとりの人間を大切に見なければならず、そして人間に関する完全情報をもっていないのだから、人をまとめて雑に扱うことを正しいとする根拠はどこにもない。

このことを前提として（ここを強調しておかないと、言葉じりをとらえてキュウダンしてくる人たちがいるから、もうあと二回くらいしつこくいうかも知れない。すまん）、でもやっぱり確認しておかなければならないのは、このことだ。

欲望をエネルギーにして生きている人間の住むこの世から、差別と偏見とイジメが消滅する可能性はとても低い。

だから、差別を根絶させることを目標にすることは、この世からすべての悪を追い出すことが人間の目的と言っているのと同じだ。

このことは、「差別やイジメはなくならないからしょうがない（放置するしかない）」とはまったく違う。過去も今も未来も、岡田は差別を容認していると、一秒以内に即断する人がいるかもしれないので言い換える。

教室や体育館で何かの教材を見せられて、「差別はいけないことです。悪いことです。悪いことは無くさなければなりません」と「だけ」言われ続けても、僕たちは何かが解決できているという気持ちになかなかなれないのだ。正しいと思われることだけど、それが身体に届いていないからだ。

毎日教室や学校で、なんだかモヤモヤする扱いを受けているという気持ちを抱えて生きている君たちの多くにとっては、どうしてもわからない分数の割り算を前に途方に暮れている時に、「どうしてそんなこともわからないの？」と言われることと同じなのだ。わかってるんだよ。でもわからないいんだ。この感じだ（僕は、答えの出し方はわかっていたが、「6分の1を8分の3で割る」ということをどうしても脳内に描けなかったため、これは「わからない」と判断した。わからないのに、わかったことにするのが、とても気持ちが悪く、ウジウジしていた。そして結局ズルをして答えを出して妥協して大学教授になった。これを堕落と呼ぶ。だから、大学で毎日やり直そうとしている）。

だから「差別はダメです。人間の悪です」と「だけ」言われ続けると、「そんなことはわかってるし、自分だってモヤモヤしてるんだよ。でも、どうすればいいいんだよ？　何万回それを聞いたって、『自分があまりちゃんと扱われていない気がする』というはみ出る気持ちは変わらないいじゃないか？」となる。

毎日受けているあの憂うつな気にさせられるクラスや先生から投げつけられる態度や言葉は途絶えることもない。

「いけません」じゃなくて、知りたいのはほんのちょっとでも楽になるための具体的な方法なんだよ。

きしむ心がそう言っている。

人間社会だから、差別や偏見はかんたんにはなくならない。大切なのは、それが生活のなかに現れて、具体的な個人が嫌な思い、辛い気持ち、不愉快な気分になった時に、それが「もう制御できない」レベルになる前に、知恵を使って、親友じゃなくても協力して、自分たちのできる技法で、最悪の事態（だれかが人生グッバイと思い詰める）を避ける具体的な方法を、どう考えたら良いかだ。

根絶などという遠い先のことを今すぐしようとせず、弱くて小さい僕たちが協力をして、最悪の事態にならないようにあえて工夫してやってみるには、どんな条件が必要なのか？それを無理やりクラス一致団結なんかしないでいいから、具体的に考える。

もちろん「差別は良くないです」という先生の話や授業にウソはないから、その話からは可能な限り役に立つデータ、たとえばとても他人事とは思えないような参考になる実例とかをゲットするために、先生にきちんと敬意をもって、「教えてください」とお願いすればいい。真剣で真面目な気持ちでそういう授業をしてくれる人は、ありがたくも「面識のある」社会の仲間だからだ。

偏見から自由になれるか

では、そんなことを書いている、筆者の僕の心と体には偏見と差別を生み出す何かがあるのだろうか？

ある（きっぱり）。

そして、僕はそれをなるべく手放さないようにしようと思っている。

偏見を手放さないように努力しているんですか？

そう。偏見を手放すと偏見から自由になれなくなるから。

偏見を克服するために一番必要なものは、**自分の脳内、身体、精神に染みこんでいる何かを、そしておそらくそれが原因で現れてしまった言葉や行動を、なかったことにしない努力を続けること**だと、僕は思うからだ。

僕は食卓で、野球を頑張っている息子に「男気見せろ！」と平気で言ってしまうし、お菓子をくれるという娘に「そんな女子供が食べるようなものはお酒のつまみにならないよ」なんて、平気で言ってしまい咎《とが》められる。物心ついた時から、昭和初期に生まれた父親がその時代の感覚で投げつけた差別的な言葉を、洪水のように体に浴びてきたからだ。「岡田先生にはアンコンシャス・バイアス（自分では気付いていない意識の歪み）があるんです！」なんて地域の女性にも指摘される。そして、その通りなのだ。それをないことにはできない。

そういうことは、自分の身体の一部になってしまった何かを考える大切なきっかけになるのだ。それを手放して忘れると、自分には偏見なんかないと決めつけ、それに気がつかない。身体に忍び込んでいる何かを発見することができなくなってしまう。

偏見そのものもじつに厄介なものだが、もっと厄介なのは「そんなものはオレ・ワタシにあるはずがない」と、悪意もなく（ここ大事）フタをしてしまうことなのだ。だって人間はみんな平等だって担任の先生も言ってたしっ、というところから一歩も出ないで、君たちはあっという間におじさんおばさんになってしまうのだ。だから警戒が必要だ。自分自身に。

このやり方は、自分が意識なく持っていた偏見や思い込みを目の前に突きつけられることだし、嫌なものを自分の鼻先に持ってくることだから、けっこう悔しいし、残念だし、天を仰ぐ気持ちになることだ。

だから、できればそれから目を背けたい気持ちもある。余裕のない時、それを突きつけてくる相手のものの言い方があまりに強くて、かつ一点の曇りもない正義を背負ってキュウダンしてくるような時は、自分を守ろうという気持ちのため逆に攻撃的になって、無理な理屈で自分の偏見のなさを強弁したくなる。でもそれでは、短い人生にまた宿題を溜めるだけで、同じことを繰り返す可能性が高い。

でも別の角度から見れば、偏見を手放さない作戦は、だれからもキュウダンされない完全無欠な正義を愛する立派な人にならなきゃならないという、絶対無理な目標から解放されて、肩の力を抜く作戦でもあるのだ。

自分には偏見がある。それは、たぶんいろいろな経験をする中で、少しずつ心の筋肉の一部になってしまったのかもしれない。その始まりを突き止めれば、時間は経ってしまったけれど、人を不愉快にさせたり、悲しませたりするような言葉や態度を出してしまう頻度がちょっとでも下がるかもしれない。すんません、見守ってくださいい、だ。

やっぱりこの方が、お相撲でいう全勝優勝よりずっと楽だし、ゆったりと考える余裕も生まれるから、少しずつ自分を修正していける。なにしろ差別や偏見がゼロの立派な人間にならねばという焦りがゆるむから、それは助かる。

そんなふうに思えるのではないかしら？

ここまでの話もまとめておこう。

世界は基本的に不平等があふれかえっているが、放置するわけにはいかない。なぜならば、あまりに人間の不公正な扱いやその結果がひどくなると、不当な扱いを受けている人たちが辛くなって、やけばちになって敵意を持ってしまい、「いくらなんでもそれはないよ」と共感してくれる人がいるはずだという基本の信頼がやせ細ってしまうからだ。それは社会の基盤が崩れることだ。

そういう敵意と諦めを、不平等や差別によって持ってしまう人が増えると、それは僕たちのメンバーの持つ、自分だって捨てたもんじゃないっすよ、という自尊心が弱まって、未来を勝手に決めつけて、ポテンシャルを封じ込めてしまう。

そのことは、まだ見ぬ、でもかなりの可能性でいるはずのグレートな隣人の発見を難しくさせてしまう。弱くて小さい僕たちがなんとかかんとか楽しく暮らすためには、ささやかでも、グレートな人たちを見つけることが必要だ。平等な世の中は、そういうお得感から言っても必要なのだ。

じゃあギリギリ平等な社会で、差別や偏見を克服するためにはどうしたらいいかというと、立派な状態、つまり差別も偏見もなく悪もはびこらない正義が支配する世の中という無理すじな掛け声だけでなく、自分たちの生活範囲で、最悪の事態を防ぐためにギリギリでできることを工夫することだ。

そのための第一歩は、自分の「偏見なんてない」という実感にあまり寄りかからずに、逆に起こった出来事にひそんでいる、自分ではあまり気がつかなかった偏見をものさしとして活用して、それを手放すことなく、自分自身を少しずつ修正するという作戦を採用することだ。立派な人間というジャンプした目標なしに、無理なくできるやり方だ。

ぜんぶは書ききれなかったけど、この章も、けっこう気合いを入れて書いた。自分のことを棚に上げて立派なことを言ってしまいそうな、要注意の章だ。そうならないようにと自分に強く言い聞かせて書いた。

次はついに最終章だ。

最終章は、だいたい「総決算!」として、ここを読めばきっと雲が晴れて太陽の光が差し込んでくるような、明るい大合唱みたいなものが全面展開されると期待されがちだ。しかし、ここまで僕に付き合ってくれた諸君はもうおわかりだ。たぶん地味になるのだ。

しかし、派手なものの中には、だいたい大したものは含まれていない。

だから、最終章もこれまで同様、長めの、時にはオリジナルすらわからないオヤジギャグが含まれた、君たちの通う学校ではあまり聞いたことがない話をして、締めようと思う。

言いたいことはやっぱりそんな立派なことじゃない。
先は長い。
自己責任なんて無視して、何度もやり直して、辛くなったら逃げろ。
学校なんて、命をかけて行くところじゃない。
学校に入って五四年も経って、まだ学校にいる僕が言うのだから、間違いない。
そんな話だ。

第5章 政治は君たちの役に立つ

──責任・民主主義・政治

自己責任論なんて無視してよいのだ

君たちの力を削っていく言葉

さて、最終章である。ここでやるべきは、今まで四章に分けて言ってきたことが、縦にではなく横や奥でつながっていること、あるいは違う言葉で説明してきたけど、実は同じことを言っているのだということを示すことだ。

そうすると「え？　そんな前のこと覚えてないわ」と、君たちはすぐ心配になるものだ。でも、自然に「え？　つながってんじゃん！」とわかるようになっている。心配無用。というか、君たちのほとんどはもうそのことに気づいているのだ。

前の章で、僕は民主主義の土台である平等や公平や偏見について説明した。しかし、そう書いても、敵は手強いのだ。なぜならば敵とは憎たらしい悪人ではなく、心優しく、善人である者たち自身のハートの中にひそんでいるからだ。前の章の内容をちゃんと心に着地させてもらうためには、その内なる悪キャラ、ラスボスをとっちめておかねばならないのだ。それがあるままだと、これまで何万字もかけて言ってきたことがグイッと届かなくなるのだ。だから頑張れ、僕。

「はじめに」で宣言したように、しつこいが、僕は君たちに説教をするつもりでこの本を書いているのではない。でも説教するつもりは毛頭なくても、ツッコミを入れたくなることはある。「なんでやねん！」という、あれだ。

今の君たちのような中高生の生活を経て、大学入試を乗り越えて、ほうほうの体《てい》（這うように、やっとこさたどり着くように）で教室にやってきて、何とも切ないことを言ったりやったりする大学生をたくさん見てきて、僕は常々心からモッタイナイという気持ちを沈澱させてきた。だから、その経験から、絞り出すような言葉でこのツッコミを伝えたいのだ。

勝手に決めるなよ。

……何を？

僕は、自分よりもずっと年下で、（僕から見れば）まだ何も始まっていないような人生ステージにいる人間が、「**どうせ自分なんかダメですから**」と、己を否定するような言葉を伏し目がちに漏らすような場面に出くわすと、カロリーの高い悲しみと怒りが込み上げてくるのだ。目の前の若者には悲しみが、彼・彼女たちにそう思わせたもの、事、人、すべてに対しては怒りが。

そして、この一〇年くらい、若者の多くはこの呪いの言葉をそこに付け足す。

でもそれって自己責任じゃないですか？

……。まずは、君をダメだと言ったやつをここに連れて来い（怒）。

いやぁ、とくに思い出せませんけど、そういうことだと思っていました。

やれやれ。日本の学校というところは、目の前にいる人間の持つ何かを引き出すのではなく、何かのスタンダードに合わせることを教育だとして、大量にいる子供たちに小中高と一二年ぐらいずっと結果的にはダメ出しをするという、じつにモッタイナイことを延々とやり続けてきたのではないか？

そう考えないと、これほど大量の大学生がなんだかいつも自信がなく、自己評価が低く、自分の成長をポジティブに見据えることなく、不安にかられてとにかく「授業だけは出ておく」みたいなことになっている事態を理解できないのだ。

しかも、人生で成功することの基本の価値観が「経済をうまくまわすことができるかどうか？」あたりに絞られていて、学校時代のパフォーマンスが将来の暮らしぶりの良し悪しを決めるという話に流し込まれてしまいがちだ。そこには「立派な政治家を育成する」とか「コミュニティづくりの達人を生み出す」などという価値観はあまり含まれていない気がする。人を育てるという話の到達点が、「人に迷惑をかけない人」プラス「ちゃんとお金を稼げる人」という枠から出ない。それ自体は悪いわけがないが、どうして「それしか」ないのかと僕は不思議に思うのだ。

そんな教育を受けてきたから、僕たちは経済の言葉に弱く、引きずられやすい。経済のトレンドが、人の生きるトレンドに直接影響を与えてしまうのが、元経済大国ニッポンのフレームだ。僕の勤める大学も、経済系学部が三つもあって、オープン・キャンパスをやるといつもそのブースに高校生がたくさん集まる（サンキュー）。

それぞれの時代において、経済の言葉はたくさんある。「戦後復興」、「イザナギ景気」、「朝鮮特需」、「所得倍増」、「モーレツ・サラリーマン」うんぬん。

中でも「ジャパン・アズ・ナンバーワン」なんていう、誤解した欧米人が書いた本のタイトルがあって、これは四〇年ぐらい前に日本の企業をリードした財界人や政治家が嬉しそうに使っていた言葉だったが、ほとんどの人がこの世界では一番になれないのだということを棚に上げて、その陰には必ず無理を強いられている人たちがいることを忘れさせる言葉になった。

「頑張れば報われる」という言葉も、経済成長率が一〇%を超えた一九六〇年代の「月給二倍論」が叫ばれる勢いの中で、人々の脳に刻みつけられ、そうして自然に「お金をたくさん稼いだ人＝努力をした人」、「貧乏な人＝努力を怠った人」という単純な図式を人々の頭に浸透させていく後押しをした。


そしてバブルがはじけて、そういう経済成長のやり方がもう成立しなくなった二一世紀間際になると、今まで通りの経済成長をできなくなった事態の犯人探しが始まった。

ニッポン人は「みんなで頑張ったから今日がある」と、それなりに思いやりのある言い方でお互いを称えてきたはずだったのに、突然「経済成長が失われつつあるのは、努力をしない人たちに手厚くしすぎたせいだ」という無茶苦茶な理屈で、金持ちの税金を下げて、苦しい人たちの税金を上げた（言い出しっぺは一九九八年の「経済戦略会議」の人たちだ。記憶しておこう）。

そしてこの理屈は、「遊ばせておいてはモッタイナイ、お金の運用リスクは自分で負え」という元々のすごく狭いエリアを超えて、あっという間に「この世の不平等や貧困や格差はぜんぶ自己責任です」という、「上手くいかないことはぜんぶ自分のせい」にするという、とんでもないところにまで拡大されてしまった。

自分がダメなのも自己責任ですから、と。

僕は、経済成長の終わりをこの自己責任論で説明できるかどうかについては、あまり興味がない。それは経済学者の皆さんに議論していただければ結構だ。「ネオリベラリズム」という言葉をググれば、ヒントが出てくるから時間のある人はどうぞ（誤解されているが、「ネオリベ」の人たちは「経済はぜんぶ自己責任」なんてひとことも言っていない。犯人はそれを人の心に刻みつけたやつだ）。

僕が居ても立ってもいられないのは、このあやしげな理屈を、若くてまだ何も始まっていない若者たちが、人生の早い段階で、自分に言い聞かせるかのように心に刻みつけてしまおうとしていることだ（これを内面化という）。

「悪運も自分で始末しろ」ってか？

君たちはまだ保護者の助けのもとで衣食住を提供されているから、学校を出てからお金を稼いで暮らしていく人生の話はあまりピンとこないかもしれない。だから貧乏になることや自己責任の話を、リアルでヒリヒリするような感覚で読むこともまだできないかもしれない。

しかし、そこにたどり着く前の段階でも、君たちはお金の話ではなくて、ぼんやりとそこにつながると思っている「自分の学力はダメなのか？　どうなのか？」という形で、自分の良し悪しを強引に決めてしまおうとしている。

そこに関わる言葉はけっこう強く、川の急流に立つとどんどん流れに押されるみたいに、上手くいかないことの理由のほとんどを「自分がダメだから」と、あまりに簡単に決めつけてしまいがちだ。そして、そうやってやがては「この株は絶対に値上がりすると証券会社が言ったから買ったのに、株価が下がって損をした。まぁ、そこは自己責任だから文句は言えないが」という余裕のある人の話と、「お腹が空いているのに、親も忙しくて、お金もないから家でひとりでじっとしているしかなくて、学校にもついていけなくて、生きるためにいろいろやって苦労したから中卒なんだけど、そこから抜け出せなかったのは自分が悪いからで、だから自己責任です」という話を一緒にしてしまうことになる。

そんなふうに考える必要はまったくなくて、それは人のせいにしても良いことなのに、多くの追いつめられた若い人たちが「自分が悪いんです」と、自分を否定して、自己責任という言葉で心にフタをするのだ。

断言しておく。ラメ入りの蛍光ペン五色で囲んでくれ。

自己責任などというものが問題になるのは、自分に「自由に選択することができた場合」のことであり、そうではない場合には問う必要も意味もないものだ。

お金があるとかないとか、
教師の期待する答えをすぐに出せるとか出せないとか、
退屈な勉強に堪えられる神経があるとかないとか、
誰よりも速く走れるとかそうでないとか、
時速一五〇キロの直球を投げられるとか投げられないとか、
イケメンだとかそうでないとか、
髪の毛や眼球の色が何色だとか、
親と死に別れてしまったとか、
家族が離別してしまったとか、
不景気に直撃されたとか、
親の会社がつぶれてしまったとか、
未知のウィルスでバイトがなくなったとか、
とんでもない独裁者の国に生まれてしまったとか、
祖父が生きるために外国から日本に来ざるを得なかったとか、

障害を持っているとか、
そういうことはぜんぶ、そうならないための自分に十分な選択肢と、その中から考えて決断するための条件がきちんと用意されていたわけではないのだから、うまくいかなかったら、それはまったくもってその人たちの責任ではないのだ。

自分で選べなかったことが条件になってしまった時、そこにある運と不運によって、人間の選択肢も、選んだ後に歩ける道すじも、自分だけでは決められないし、自分だけでコントロールなどできない。

自己責任論は、そういうどうしようもない理由を前にして途方に暮れている人間の息づかいや心の温度、やるせなさなどをぜんぶ無視して、どこまでも追いかけてきて、「でも、そうなることを避けるための努力が足りなかったのだからしょうがないのだ」と、すべての不運を「自分でなんとかしろよな」と切り捨てる、とんでもなく傲慢な理屈だ。

そしてこれは、努力もしたが運にも恵まれたことをケロッと忘れて、「この成功は自分の血と汗と涙で築いたものだ」とふんぞり返る、うまくやった人間の成功から逆算するという、自分に対しても他人に対しても浅はかな見方をする理屈だ。

国境を越えてヒトもモノもカネも行き来する、八〇億人もの人がいるこの星で起こる経済の動きなど、誰一人としてコントロールできない。気の遠くなるほどの数の遺伝子が行き交って、天文学的な確率でそれが組み合わさって人間が生まれることを、誰もコントロールできない。皮膚一枚隔てて別の人間である者たちが、いくら親でも子でも兄弟姉妹でも何でも、誰とくっつき、誰と別れて、誰を愛して、誰を憎み、邪魔にし、贔屓《ひいき》するのかなど、弱くて小さい一人の人間には左右することなどできない。遺伝子の偶然のミスプリントが原因で生まれる癌細胞がその後どうなるかなど、世界最高の医学でも解明できない。

だから、責任なんかとれるわけがないのだ。

ギリギリで責任をとるべき人間がいるとするなら、それは、巨大で複雑なシステムの下で右往左往している、そのシステムで生きていくための条件がうまくそろわないために不当な扱いしか受けられない大量の人たちの命とエネルギーを削り、利用して、運と不運をかぎわけて、そういう格差が生まれやすい世の中のしくみを放置している者たちだ。

だのに彼・彼女らは「努力したから」とずさんにホメられ、自分たちのやってきたこと、本来やるべきだったことを放置したことは免罪されている。多くの人たちに比べれば、いろいろと選択する条件があって幸運に恵まれたところにいたのだから、無力な人たちよりは責任が発生するはずなのに。辛い立場の人たちのほうが「僕が悪いんです。みんなに迷惑はかけたくないから、この状況を受け入れて静かに暮らします」などと、世界に配慮をしているのだ。

何ということだ。怒りと悲しみで胸がつぶれそうだ。

ほんとうの自立の意味

そんなことを言えば、「でも社会で生きている以上、いろいろとお世話になっているんだから、『責任なんか負えない』っていうのはやっぱり無責任なんじゃないですか？」と言う人がいる。その人は、これまた慎ましすぎるぐらい自分を下げて、どうしても人に迷惑をかけることは悪ですという、揺らぐことがないような、みんなが「当たり前のこと」と思い込んでいる人の道、つまりしぶとい一般道徳を返してくる。

そうじゃない。この話は、「よそ様に迷惑をかけたから僕がいけない」という話じゃないのだ。自分の力ではどうしようもなかったところに追いやられて、そうせざるを得なかったことは、自己選択ではなくて無理強いされた結果なのだから、もともと責任などないのだ。

「責任を背負えない」から、「無責任だ」へとジャンプするな。

でも、それじゃ自立した大人とは言えないじゃないですか？　自分が大人として社会にいる以上、自分でなんとかするという態度が必要じゃないですか？

徹底して「自分のせいだ」と言って閉じこもる人はじつに手強《てごわ》いのだ。なぜならば、そう言わないと逆に不安だからだ。「お前の努力が足りないのに偉そうに言うな」と攻撃されることが死ぬほど怖いから「自分のせいです。放っておいてください」と不安にフタをするのだ。不安と戦っているから、なかなか降参しない。そしてそこにつけ込まれるのだ。

しかし、ここには自立や自律というものにかんする大きな勘違いがあると思う。人生において大人になるためのひとつの大きな目安として「自分でいろいろなんとかできるようになる」ことは大切なことだ。子供の教育の目的は、金をたくさん稼げる人をつくることでも、いい学校に行ける子供を製造することでもなく、「勇気と覚悟をもって自分で考えて決断できる頻度の高い人間」を社会に送り出すことだからだ。

でもそれは、「すべてを自分で抱え込んで処理できる人間になること」と同じではない。そんな人間には、この巨大な世界においては誰もなれないからだ。大切なのは、「誰にも迷惑をかけない人間になること」ではなく、**自分の非力と未熟と無力をきちんと受け入れて、その上で「他者に適切に助けを求める決断のできる人間」になること**であって、自立した人間とは、きちんと依存することを自分で決められる人間のことなのだ。それができないと、逆に助けを求めてくる、自分と同じ弱くて小さな人間への想像力を働かせづらくなるからだ。

僕は、この本のあちらこちらで、自分の頭で考えて、自分で決めることの大切さを強調してきた。でもそれを受けとる真面目さがあまって「いろいろ、みんな自分で責任をもって考えて決めなきゃいけないんだな」と苦しい前のめりになると、話のすじがごちゃ混ぜになって、「自己決定」と「自己責任論」がまったく別物であることがわからなくなってしまう。**自分で上手に人に助けを求めることも含めて決めることと、絶対に背負う必要のないこともぜんぶ自分のせいにしてうずくまることを**、決して一緒にしてはいけない。

自己決定と自己責任論は、加藤あいと阿藤快ぐらい違うのだ（古い、すまん）。

自分の選べないことが原因で不利な状況に追いやられている人たちを、わきで見ている善意の隣人たちにも、こういうジャンプは起こる。そして、ここでも人は冷血で思いやりがなく自分さえ良ければと思って、それは自己責任ですよねと突き放しているのではない。隣人が苦しくつらい不平等や格差や偏見の中でもがいている姿を見て、平然と「自分のせいじゃん」と言える人間は、さほど多くはない。無知と悪意は異なるからだ。

君たちだって、お金や生活について親に依存しているから、なかなか辛い立場に身を置いては考えづらいけれど、教室や学校で起こる、道理から外れた「それはヒドいよなぁ」と思えることに対して、ヒドいことを受けている当人を指して「でも、悪りぃのはあいつだよね」

とかんたんに言える人は少数派だと思う。みんないろいろと気持ちの板ばさみになって、「ヒドいけど、自分は何もしてやれないんだよ」とウジウジしてしまう。そういう宙ぶらりんの心のありかたは、けっこうキツい。どこかで「こういう理由でこうなっている」と理屈で強引に納得したい気持ちがある。

だから、自分のやりきれない気持ちを終わらせるためにこう言ってしまうのだ。

しょうがないんだよ。
イジメられる側にも原因があるんだよ。
自己責任なんだよ。

人は悪意によって隣人の理不尽な状況を見過ごすわけじゃない。何もしてやれない自分にイラだち、不安を覚え、この世の不平等を言葉で納得させたいからそうするのだ。そこにつけ込んでくるのが自己責任論という暴論だ。

でも、それはやっぱり違うと思う。**「差別される側には、そうされる理由があるのだ」という理屈こそが差別の理屈だからだ。**だって「そうされる理由」を決めるのは誰？　それは差別される側じゃないでしょ？　差別する側がおしつけているよね？　理由を。

苦しくても、そこに行かずに堪えねばならない。こっちもキツいが、誰よりも自分が選択できない理由で辛い思いをしている人が一番キツいのだから。
これはなかなか克服できないかもしれない。心の体幹筋肉をつけるには時間がかかるだろう。だから、この宙ぶらりんの状態を心から即なくしてしまおうとしないで良い。その何もできない不安にまずは「慣れよ」と言いたい。

でもそれじゃ、なんだかなぁと思うことを見過ごして、見逃して、放置していることになりませんか？

もちろん、そういう多くの人の態度が積み重なって、世界の光景が変わらないということになったのだが、苦しいジャンプをして終わりにするより、まだほんのちょっとだけそのほうがマシだと思うのだ。
「それは自己責任でしょ」と雑な終わりにすれば、それは本当に放置することになるだろう。しかし、君たちがもしここでウジウジと優柔不断に迷っているなら、そこにはちょっとだけ道が開かれるのだ。
そのために、じつにありがたいものがある。

ウジウジと優柔不断な態度なのに、道を開く？

何それ？

民主主義だよ。

やり直しが前提のシステム――民主主義

迷う者たちにピッタリのやり方

苦しい中、もうあの楽になる理屈処理「それって自己責任だからしょうがなくないですか？」にジャンプしないでウジウジする。それってダメなことなんじゃないかと思っている君。そうではない。しんどいところに留まることはじつにエラいことなのだ。そしてこのことは、なんと民主主義とつながっているのだ。ありがたいシステムだ。

これまで、長いあいだ民主主義の大切さを説く多くの本は「民主主義を機能させるものは、一人ひとりの自立した精神と気構えなのです」と書いてきた。戦争に負けて、アメリカからGHQ司令官マッカーサーが来て、これまでの「国民は全員天皇陛下の赤ん坊だ」という価値観とは一八〇度異なる民主主義というお手本が入ってきた。日本の優秀な文部官僚はそれに合わせて『あたらしい憲法のはなし・民主主義』という教科書を早速用意した（展望社刊、二〇〇四年復刻）。そこにもそう書いてある。古くは、福沢諭吉先生も「一身独立して一国独立す」と言っていた。

これは、まったくもって間違っていない（きっぱり）。

しかし、あまりに間違っていなさすぎるために、同時に民主主義のいいところが隠れてしまうのだ。それではモッタイナイので、僕がここで付け加える。

人は「一人ひとりの自立した精神と気構えが必要」なんて言われると、うむ、ちゃんとしなきゃなぁなんて肩に力が入って、頑張るぞと三秒ぐらい思うが、四秒後には「って言われてもさぁ」と不安になるのだ。

正論は人に不安をもたらすのだ。その正しさに自分は寄り添い続けられるだろうかと思うからだ。そういう正論を聞かされ続けると、それが苦しくなって「ああ、もういいや。何も考えないで天皇陛下の赤ん坊ってなったほうが楽ちんだ」となりかねない。これまで、大勢の人たちがそろいもそろって間違った判断をしたときは、それはたいてい誰かによる悪だくみのせいではなく、みんなが不安な気持ちに耐えられなくなったからだ。それを誰かが利用する。順番が逆だ。

「コロナです。学校は一斉休校です」そう言われても、その時の総理大臣の要請には「法律の裏付けも、したがう義務もないから、自分たちの地域の実情を見て冷静に判断すべし」という正論は落ち着いて考えればわかったはずなのだ。

でも、「根拠のないものの言うことは聞かない」という正論は、コロナという未知のウィルスの不気味さも手伝って、学校関係者に不安をもたらし、苦しくなって九九％の学校が一斉休校に応じてしまった。これが、とりわけ幼い小学生に何をもたらしたかは、まだ彼・彼女らが大人になるまではっきりしない。でも、僕はとてつもないものを子供たちから奪った、間違った判断だったと思っている（もちろん反論もあるだろうけど）。

不安に負けて多くの人が右にならえとならないためには、みんなを落ち着かせる「やり直しがきくから」というお得感を伝えて、呼吸を整えるほうがいい。そしてそれが民主主義システムのもう一つのキモなのだ。

民主主義は、失敗してまたやり直すことを前提にしたシステムである。

言い換えよう。

民主主義とは、人が間違えることを織り込み済みの政治の運営方法なのだ。

僕たちは、第一章で「基本的に僕たちの合意形成は失敗する」と確認した。それは僕たちが民主主義や自治をになう実力もセンスもないダメな人間だからではない。ワガママで自己チューなふつうの人間だから、そんなに上手くいくはずがないという意味だ。しかも、僕たちの生活に関わることについての運営だから、時間制限というものがある。それで「話の途中ですが、もうそろそろ決めないと」と、学園祭の出し物について「あまり煮え切っていないグダグダの結論」を出して、ヘトヘトになって先生に知らせに行ったわけだ。

でも、そうやって作った合意は「オレ・ワタシらがつくったものだから人のせいにはできないんです」と、腹を括《くく》らなければならないとも言った。そのできの悪さに耐えよと。だから話の流れからすれば、また別の覚悟もすることになる。いや、むしろ別の覚悟のための道を残しておかなければならない。

やっぱりあんな合意じゃダメだから、やりなおそうってなるかもしれない。

体育祭の棒倒し復活案は、運動部の連中に押しこまれて決めちゃったけど、その後も異論・反論・オブジェクションが噴出して、「やっぱダメでしょ?」に対して「もう決まっただろう！」と返し、「議論し尽くしてないじゃん」と応酬して、「今さら何言ってんだよ！」と怒り、「このままやってケガ人出たらどうすんのよ？」と脅し、「誰が責任とるんだよ！」とかぶせる。「ああ、もうこれじゃどうにもならないから、もう一度仕切り直しだろ？」と誰かが言い、「マジありえねぇ」とガスが漏れるが、「いや、ここはあのウゼえ棒倒しを中止させるチャンスかもしれない」と計算し直すやつも出てきて、最後に「大事な異論が出てくれば、もう一回話し合うしかないじゃん」となるかもしれない。

やり直しても、前より上等な着地になる保証はない。トンチンカンな話が乱入してきて、議論のレベルは前より下がるかもしれない。「いいかげん結論出せ！」って先生にせっつかれるかもしれない。部活の練習の時間を食って先輩に怒られるかもしれない。

しかし、もう決まったことだからと運営担当のラグビー部が「現場のやり方はぜんぶおれらの言う通りにしろよな」とか、勝者総取りみたいなことを言いはじめて、ケガ人続出の悪夢のような体育祭になるよりも、「ちょっと待ってよ。安全確保のルールを厳格にしとくために、まだ話すことはあるでしょう？」と、ウジウジ、グズグズ、ノロノロ、グダグダとするほうが、ギリギリでいいのかもしれないのだ。

やり直すことは面倒だし、疲れるし、時にはアホくさいかもしれないが、決めたら止まらない正論や、基準は正邪だけで悪はぜんぶ排除、そんな強引なやり方されるよりも、ウジウジしながらダラダラ決めるほうが安全だったり、全体からして安心だったりするかもしれないのだ。

最悪の事態を避けるために

もちろん、そういうダラダラに嫌気がさすことだってある。物事は決まらないし、みんな勝手なことばかり言ってるし、本当に面倒くさい。体育祭や学園祭での決め事なんかは、もうあまりグダグダしたくない。もちろんそうだ。やり直しがきくと言っても、それがあまり続くともう「どうでもいいよ」とか「いっそのこと先生に決めてもらおう」などという気持ちも強くなるだろう。

だから、こう書いている僕も、そのゆるい感じ、グダグダの感じを手放しでホメたたえてオススメにしているわけではない。できれば、サッと決めて、ダーっと処理して、ガンガン先に進めたい。グダグダするのは疲れるからだ。だから、オススメするというよりむしろこう言おう。

楽だけど危険で引きかえせないやり方を選ぶのか。

面倒だけどみんながそろってうかつな決め事をしてしまった時も、なんとか踏みとどまって最悪の事態を避けることができる筋道を、民主主義を通じて残しておくのか。

宙ぶらりんになって、自分の力のなさや、なんとか持っている良心との板ばさみになって、そこから逃れてラクになるために、政治や民主主義の一丁目一番地である「個々の人間を大切に扱う」という大前提を手放していいのだろうか？

「しょうがないよ。いろいろあるけどそれはみんな自分の責任として引き受けるしかない。その意味でみんな平等じゃないか！」なんて、ものすごく荒っぽくずさんな結論に落とし込むと、弱くて小さな隣人を追い詰めて、それこそ本当に取り返しのつかないところにまで行ってしまうかもしれない。そうなる危険や心配に比べれば、何度も話し合いを繰り返すなど、よっぽどたやすいではないか？

民主政治は、立派じゃない僕たちがやるのだから上手くいかないことが多いし、とても疲れて面倒だけど**僕たちの安全ネットなのだ。**

僕たちは、明日もまた相変わらず上手な合意づくりに失敗するかもしれない。
相変わらずクラスの意見はスパンとまとまらないかもしれない。
あまり仲良くもないひとたちと、やりとりし続けることになるかもしれない。
そんな余裕はないと思うかもしれない。

でも、やり直しが可能だということが、何ともありがたいではないか？

僕たちは、学校で「失敗したら詰む」って、追いかけられて、いつだって「マジおわる」みたいな気にさせられて、そして、苦しくなったところに「自己責任ですよね？」なんて、心がきしむようなことを言われ、それはそれでもうウンザリではないのか？

やり直しが前提になっている民主主義でよかったではないか？

立派じゃない普通の僕たちには、立派じゃない、欠点がたくさんある民主政治がフィットしているのではないのか？

しかも、なんと民主主義には時間制限はあっても、「時代」制限がないのだ。


時代制限？

実は、人間が決め事をカネか腕力にものを言わせて、言うことを聞かないならマジコロスという血も涙もないやり方をしてきた数千年、数万年に比べれば、「やり直しききます」、「複数チャンスのトライ始めました」なんていう店内メニューを採用してから、僕たち人間の政治は、まだほんのわずかしか時間が経っていないのだ。民主主義は、物事の決め方と受け入れさせ方の歴史で言えば、青春時代以前くらい若々しくてピチピチということだ。

この**「人の頭をかち割る代わりに、人の頭数をそろえて**（仲間をつくって）**、間違えたらやり直す」というゆるふわシステム**のおかげで、成長の歴史で言えばまだ幼稚園の年少さんにすらなっていないにもかかわらず、民主主義は現在のところ、人がヒドい理由で政府に殺される率が一番低いシステムとなっているのだ。

この一〇〇年の世界の歴史を軽く振りかえっても、それは明らかだ。ナチス・ドイツ、ファシスタ・イタリア、そして大日本帝国と、世界中を敵にまわして戦争をして、とてつもない数の人間を死なせてしまった国は、みんな民主主義が未成熟だった国、その面倒くささ、サクサクとものごとが決まらないグダグダに耐えられなくなった人たちが楽になろうとジャンプしてしまった国ばかりだ。

ジャンプしないでやり直せるゆるいシステム。

君たちのステージのサイズはクラス四〇人ぐらいだが、大事なことは同じだ。

学校でも家でもない場所へ

学校など命をかけて行くところではない

僕は、君たち若者に阿《おもね》るようなことはしないと言った。そして、もうすでにできていることに「光を当てるのだ」と表現した。光を当てないと、本当はもう存在している、すでにちゃんとできること、できているのだということがまわりにも本人たちにも気づかれないのであって、それはお宝の持ち腐れだからモッタイナイと言ったのだ。

・自治は大切だが、コスパで上手にやり過ごすことだってエラいのだ。
・話せなくても、聞けなくても、書けなくても、励ませるのはエラいのだ。
・協力する根拠をきゅうくつな「真心」から切り離せるのならエラいのだ。
・他人の不幸と自分の良心の板ばさみのままで耐えられるのはエラいのだ。

最後に、そんなエラいと言われても、そもそも、やっぱり、どうしても、何度もトライしたけど、**学校はどうしてもキツいと思う諸君**に、そして明日になったらそうなるかもしれない君たちに、言っておこう。

どれもこれもキツいなら、学校なんか行かなくていいぞ。

理由はじつにかんたんだ。

学校などというところは、人間が命をかけて行くような場所ではないからだ。

それは、「人はどうして学校に行かなければならないのか？」という問題を丁寧に考えてみればすぐわかる。僕は五〇年以上学校にいるが、今のところ「学校というところにどうしても行かなければならない理由」は発見できていない。いまだに、だ。

え？　キョージュでしょ？　学校で働いてるんでしょ？

その人が、「行かなくていい」って、そういうのアリなんですか？

人の言葉は注意深く行間を読まねばならないのだよ。

僕は、これを「学びたい人≠学校に行く人」という意味で言っているのだ。

学びたい人の期待感、ドキドキ感、止められない感のようなものは、僕もずっと持ち続けているからよくわかる。そして、学びたいという欲求と、「学ぶことでお金までもらえる」という機会が、ありがたくもドッキングしている大学という場所を確保してもらえたから、学校に「居る」だけなのだ。貯金が一〇億円あったら、野尻湖畔の別荘で、良い料理人を雇って、朝から晩まで本を読む。もちろん大学など行かない。世界で一番嫌いな仕事「試験監督」をやらないでいいだけで人生は幸福だ。

だから学びたい気持ちがちゃんとあるなら、必ずしも学校や教室に居なくてもいいと思うのだ。なぜならば、学びは教室や学校でなくてもできる、いや、もしかしたら学校に行かない方が学べるかもしれないからだ。

それじゃ、学校行かないで家ならいいの?

家はどうなの?

さてさて、これが今日大問題なのだ。ふう。

家は「学校的なもの」になりつつある

人間に一番必要なものは、食べ物や睡眠や休息だ。でもそれは生物としての話だ。そうではなく「人―間」、つまり自分一人ぼっちだけこの世界にいても何の意味もない、「自分以外の人がこの世界にいるからこそ生きる意味がある」という理由から考えなければならない。その時、必要なのは何か？

ホッとできる、楽しい居場所だ。

君たちの居場所はどこだ？

家と学校……の二カ所なんだろう。

どうして「なんだろう」なんていう言い方をしたかというと、僕が言っている居場所とは、ホッとできて楽しいという二つの条件がそろっていなければ、生きていくのにありがたい場所にはならないのに、君たちみんなにとってこの二カ所（学校と家）がそうだとは限らないからだ。

「友だち一〇〇人なんて要らないよ」と僕は言ったが、友だちが不要だと思っているわけじゃない。でも、学校にいる友だちはいいやつもたくさんいるけど、学校という場は、基本的には「何かが試されている」、「何かの順番がつけられる」、「大中小の緊張が強いられる」、つまりあまりホッとできないことがたくさん盛り込まれている場所だ。高校に入って、「お前、第一志望？」、「ああ（本当は県立落ちて来たんだけど）、まぁ」というやりとりひとつ取ったって、なんだかストレスフルで面倒だ。

つまり、何かが試され、評価される（学業、スポーツ、技芸、やる気、性格なんか含めて）場所だから、本当にくつろげるかといえば、そうでもなかったりする。なんかあまり呼吸しやすいところではなく、なにかが「測られている」ところだ。そういう場所になっていることを「学校化」された場所と呼んでみれば、それは君たちの行っている学校だけではない。

父さんや母さんだって、企業とか会社で働くわけだが、そこはノルマだとか業績だとか売上だとかいう結果が求められるところだ。それに応じて課長とか部長とか、そういう序列化された場所だからホッとできる場じゃない。でも必要なお金を稼ぐためにしょうがないから行く。いつも能力や結果を問われている、息も詰まる「学校化」されたところだろう。

だから、疲れた顔をして電車に乗っているおじさんやおばさんも、家に帰れば「今日もいろいろあって疲れたなぁ。やっぱり家《うち》が一番だ」なんて思いながら、お風呂につかったりしている。ここだけは、結果も能力もあまり問われない、ホッとできる居場所だと。

こういう場所を「愛の共同体」なんて呼んだりする。「愛の」というのは、何があっても「あなたはそのままでいいよ」と言ってもらえるという意味だ。共同体は、「序列や業績を問われる組織」ではなく、血縁や地縁でつながった「生まれる前からある最小単位のカタマリ」だ。お前はどうしてここにいるのだと質問されない場所だからホッとできる。

しかし、そんな家も、ところによってはあまりホッとできない、いつも結果を問われる、学校化されている場合となっているかもしれない。「○○高校に入らなければ、○○大学に合格しなければ、お前の人生には意味がないんだよ」と、一二歳ぐらいから毎日言われ続けたら、そこはホッとできるところにはならない。いつだってテストの順位を問われる序列化圧力に満ちた場所になってしまっているからだ。

業績が悪化してボーナスが減ってしまった。社運をかけたプロジェクトで赤字を出してしまって、責任をとらされて、一五〇〇キロも離れた土地に単身赴任を命じられて、「そんなとこアタシは行かないから」なんてツレアイさんに冷たく言われる。実家から借金して開いたお店をつぶしてしまったため、親戚から無能者扱いされる。……結果しだいで「そんなことでどうする！」と怒られるような場所になっていないだろうか？

だから、学校（会社）が辛くて家に帰ってきても、そこも辛かったら、人は居場所がないということになるのだ。

これは、各人ぜんぶ事情が異なるから、決めつける言い方や、すべてに当てはまることだ、なんて言い方もできない。でも、学校も家も両方あまりくつろげないという気持ちで、なんか行き場がないよと思っている人はきっといる。

いるのだ。

だから、「学校なんて命かけていくところじゃない」と僕に言われても、不登校の君は、「家にいても『この子はどうして学校に行ってくれないのかしら』って、母さんが毎日泣いていて、ちょーウザいんですけど」と思っているかもしれないから、解決になっていないことになる。綾小路きみまろという芸人のネタに「お父さん、会社にも家にも居場所がありません！ホッとできるのはトイレの中だけです！」（お客さん爆笑）というのがあるけど、そういう気持ちの中高生だっているはずだ。

だとすると、居場所がない人たち（父さん、母さん、君たち）には、一番目の家でもない、二番目の学校・会社でもない、ホッとできるもうひとつの場所、サード・プレイスが必要だ。

サード・プレイス――学校でも家でもないところ

僕は、クラスを生きのびよ、学校をサバイブせよ、そのためにスプーン一杯の勇気と、いろいろやり過ごすための知恵をつけよと言った。そして、それがどうしても苦しくてやり過ごせなかったら、行かなくていい。正しく、賢く逃げよと言った。

でも、逃げた先にあるのが、学校化されてしまった家だったり、転校先の全寮制の軍隊生活だったりしたら、逃げた意味がない。だから、なんとかホッとできて楽しく暮らせる居場所、サード・プレイスを見つけなければならない。よそがダメなら、あらゆるお願いと作戦をたてて、家の中にサード・プレイスをつくり上げなければならない。そうでないと呼吸ができないからだ。

これは、住んでいる地域、近所の人たち、街の広さ狭さ、呼吸ができる施設があるかないか、そういう事情によってさまざまだ。近所がみんな顔見知りで、「あいつは学校に行ってねぇぞ」なんて、すぐにバレてしまう田舎はキツい。空気がよく、食べ物も美味しく、のんびりして人々が優しく善良で、駐車場が無料で、戸締りも必要ない。いいところかもしれないけれど、キツい。

だからこれに関して、オススメの街があるよなんて言えない。とにかく、自分が呼吸のできるサード・プレイスを探す、つくる、教えてもらう、仲間と協力してみる……いろいろとやらないといけない。でも、そういう場所が必要だと思っている人たちは、結構たくさんいるし、そういう人たちをつなげることを仕事にしている大人も、けっこういるのだ。

自立のためだ。ギリギリの力を出そう。

この章で「自分の弱さや未熟や無力さを受け入れて、ちゃんと助けを求められること」こそが自立だって言ったでしょ。

「◯◯さん、オレ・ワタシ、ちょっとダメだ。ここじゃ息ができないわ。ちょっと階段登るのも疲れたから、踊り場みたいな所ないっすか？」って、助けを求めることができたら、もうそれだけでエラい。それを言えずに、「どうせダメっすから。ま、自己責任なんで」と暗い目をしているより、光が差し込んでくると思う。

ちなみに、僕はこのサード・プレイスのことを「**はらっぱ**」と呼んでいる。最近は「はらっぱ」と言われても「？」というティーンズがいるが、要するに「お前がこの世でどれくらい仕事（勉強）ができるのか、どのくらい金持ってるのか、ちゃんと家族つくって幸せに暮らしてるのか？」みたいなことをまったく問われることなく、とにかくぶらっとやってきて、ぐだぁーっと屯《たむろ》することができて、起承転結も何もない雑談して、でも「ま、話したらちょっとスッキリしたな」とか、「自分の話なんて誰も聞いてくれないと思っていたけど、そうでもないいんだな」なんて思ったり、「人と話すと、最近の自分はものすごくイビツな思い込みに追っかけられてたんだな」なんて気づいたりする。そういうことが起こるスペースのことだ。

話のすじを取り戻すために言うと、政治という決め事、この世の運営の仕方の中には、こういう「頑張らなくていいところをつくる」といった活動だって含まれている。学校なんて命をかけて行くところじゃないということの先にあるのは、ホッとできる、楽しい、呼吸のできる居場所だ。しかし、それがこの世の中にあまり用意されていない、あまり残っていない、みんながその大切さを忘れているなら、思い出そうと呼びかけて、話して、書いて、励まして、そういう気持ちで生きている人たちのスペースをつくろうと説得するのも政治だ。

学校から出ても、家でなくても、そういう場所をつくるという政治はできる。それは疲れちまった大人にも必要な場所だ。君たちが四〇人の教室でモヤモヤしていること、できないこと、できることは、サイズや種類を変えれば、そのまま大人の世界の話と同じなのだ。

辛くなったら、立派な人間になんてなる必要がないのだから、弱くて小さくて自己チューな友だちと、はらっぱでひと息つこうぜと言って、受け入れてもらおう。

セカンド・チャンスをくれない僕らの国

それにしても、どうしてサード・プレイスがこんなに必要になるのか？　いや、ちょっと違う。人間にサード・プレイスが必要だということは、あえてそんなに強調することもないくらい当たり前のことのはずなのに、どうしてそれが「わざわざ強調しなければならない」話になってしまうのだろうか？　問題はこっちだ。

世界を見渡しても、学校や企業以外の場のほうが、人間のスペースとしてはたくさんあるはずだし、世界中がニューヨークのウォール・ストリート（アメリカ経済を動かす中心シンボルの街）みたいなところではないのに、どうしてこういつも何かに追いかけられている感が強いのだろうか？　この極東の島国にいると。

僕がひとつ強く思っている理由は、僕たちの国は、人生の失敗をやり直す機会、すなわちセカンド・チャンスがじつにガリガリにやせ細った場所なんじゃないかということだ。僕は、大学を中退したコンプレックスをエネルギーにしていた父親に「○○大学しか出られなかったら、そのレベルの人生にしかならないのだ」なんて、一○○万回も言われて育った。失敗は許されないのだと。よくつぶれなかったと思う。何かの神経が足りなかったのだろう。

でも、あまり説教をされると「わざとその逆の事態を無意識に呼びよせる才能」にあふれていた僕は、早くも一五歳の時に、高校入試に不合格になって「許されない失敗」を経験してしまった。洗脳されていたから、その時は本当に「終わった」と思い、しばらくは（本当にバカなのだが）本気でビートルズを再結成させる時には俺がギタリストだ、なんて思っていたのだ。

滑り止めの高校は男子校で荒《すさ》んでいて面白くなく、家は朝から晩まで大学序列の話ばかりしているし（兄貴が名門高校に通っていた）、だから僕のサード・プレイスは家のなかのギターが鳴っている自室だった。ここでの僕はすでに妄想の中でビートルズのメンバーだったし、日本のバンド「チューリップ」のリズムギタリストだったからだ。

高校に入ってますます学級が嫌いになった僕は、とにかく早くここを抜け出して、学級のない、自分のエキサイティングな気持ちだけにひっぱられて、自分の好きなことだけを学びたいと思っていた。「こんなくだらない知識の出し入れ（受験勉強）は、ちゃっちゃと終わらせて、好きなテーマの勉強をするのだ」と思い、浪人せずに大学に入ってようやく呼吸ができるようになった。

一番入りたかったところには行けなかったが、そこには両親が言っていたこととは無縁の、たくさんのチャンスにチャレンジしようとする友人たちがいた。僕よりもっと真面目にプロ・ミュージシャンになろうとしているやつ。いきなり大学三年の春に大学を辞めて役者修行を始めたやつ。藍染職人になるために東北に移住してしまったやつ。どこの大学出身かなど問われない実力試験の大新聞社に入ろうとするやつ。自分でテレビの制作会社をつくっちゃったやつ。エトセトラ。

時代のおかげもあった。経済成長の余韻があった昭和の末期には、「若いやつはどうせものも知らないし、仕事もできないんだから、せいぜいたくさん遊んで、無駄金使って、将来のために肥やしをつくっておけばいいんだよ」という、いい意味でいい加減な心が、僕らを見守る当時の先輩たちのハートにたくさんあったような気がする。

僕は次に大学院に行ったけど、友だちは卒業して一度大きめな企業に就職すると、そういう「失敗してもやり直せばいいだけ」という空気はしぼんでいた。大人たちにはゆとりもあったけれど、同時にそれを支える「終身雇用（入社したらよっぽどのヘマをしない限り定年まで働き続けられるという会社人生システムのこと）」という習慣も残っていたから、「途中で降りたら人生も降りたと同じ」という心の焦りも根強かった。

そして、今に至るまで、経済的に追い詰められたことが理由で自分から人生にグッバイしてしまう大人が世界との比較でもたくさんいるのが、僕たちの国ニッポンだ。ここには、とにかくセカンド・チャンスがあまり用意されていないのだ。

みんな「そこしくじったらマジ詰む」と即決する心の習慣からじつに不自由だ。

百歩譲って、「ああ、詰んだ」と思うのが六五歳なら仕方ないと思う（そもそも詰むって何なんだよ?-）。でも、僕たちの国ではセカンド・チャンスが頭に浮かばず、呼吸をするサード・プレイスが探せなくて、年間に子供が数百人も人生グッバイをしてしまうのだ。それぐらい、自己肯定感、つまり自分ファースト感が低い人になってしまうのだ。生まれて十数年で！　セカンド・チャンスが準備されず、そのための一息つくサード・プレイスもなかなか見つからない。だから、自分ファーストになれない。

政治ができること——生きのびるために

僕たちは、学ぶことが嫌いなわけではない。学級、クラス（英語のclassは、「階級」という意味だ）が苦しいのだ。学級での生活が幸福だった人たちもむろんいる。先生たちが大変なエネルギーをかけてつくってきた学級には、それなりの存在意義もあったし、そこで学べる者たちもたくさんいるのだ。でも、それが苦しいという者たちもいる。

個々の人間を大切にすると言うなら、学級だけじゃなく、いろいろな居場所で学ばせてもらえればありがたい。

でもこの声は、少数派だとされているだろう。みんな真面目で我慢強くて、かつ今まで経験したことがないシステムはいろいろな不安を呼び起こすからだ。多数の人は、「行くことになっているから」と、また明日も学校に行くだろう。でも、そこでは苦しくて学びができないという弱くて小さな声は聞こえづらい。

そんな時、空気ではなくて言葉を読み、記録し、話して、聞いて、やり直して、時間制限はあっても時代制限はない、「選んで、決めて、説得する」民主主義にすくわれた弱くて小さな声は、政治にのって、アイデアになって、この世界の「それはいくらなんでもこうするべきじゃないの？」と思ってくれるはずの人たちに届くはずだ。そしてそれが僕たちの政治ではないか？

サード・プレイスが必要で、セカンド・チャンスさえあれば、なんとか自分ファーストにとどまれる者たち、つまり立派な主権者であるかはわからないし、自立した市民になれるかも自信のない、でも自分たちに起こったことはやっぱり自分たちで解決したり、話したり、人任せにはしたくないという気持ちをギリギリで持っている友人、隣人たちには、そういう政治が必要だ。

だから、学校にいる、そしていない君たちの声やため息は、僕たちの政治と民主主義のとんでもなく大切なデータなのだ。

この時、僕がここで使った「政治」という言葉は、この本を君たちが読み始める前に持っていたイメージとは、少々異なっているはずだ。いや、そうあってほしい。できればね。

君たちは政治をしている

最後のまとめをしておく。

君たちはこの本を読む前に、「政治とか知識ゼロ」と思い込んでいたと思う。しかし、君たちはもう何度も光を当ててきた通り、それを政治だとは気がつかなくて必死に生きていただけで、実はもう相当なことをできているのだ。

だから「自己決定すること」と「自己責任論」をきちんと区別して、無力な自分を理解して、無理なことに関しては正しく人に助けを求める人間こそ、自立した人間なのだというところに立ち戻る必要がある。そしてそれを見すえながら生きるのにフィットしたシステムこそ、やり直しが前提となっている民主政治だ。これは現実と自分の正義とが葛藤《かっとう》を起こした時に、ウジウジしながらも、危うい選択へと一気にジャンプして制御不能の事態になることを避けることができる、面倒だがセーフティネットでもある。

その上で、言うことを聞かされるという曖昧《あいまい》な言いなりではなく、きちんと決めて「説得して受け入れてもらう」という政治権力の正しい使い方がある。そして、その最中、声を出しづらくても、聞くのが苦手でも、最後にできるのは人を孤立させないで励ますことだ。そのためには、真心のある親友関係にならなくても、協力しながら何かをつくり上げていくということができる。そして、そういう関係を発見するためにも、僕らのカタマリはそこそこ平等でなければならない。

そんなふうにいろいろなことがもうできている君たちだが、それでもどうしても呼吸ができないなら、逃げろ。学校はがんらい生徒たちの命と安全を守るためにあるのだから、そうでない場所なら行かなくていい。でも、とどまったところが家で、ここも居づらいなら三番目の場所を探そう。中高生の限界を正しく認識して、正しく大人に助けを求めよ。

この国は、セカンド・チャンスをあまりくれないし、それはないと勝手に思い込んでいる部分もあるから、自己責任などという呪いの言葉に引きずられずに、サード・プレイスでひと息ついて、自分ファーストの心をキープしてほしい。

学校や居場所から逃げたら、自分はもう政治とは関係がなく、四〇人の世界とは無縁だと思っているかもしれないが、政治はステージを変えてもできる。いや、生活をしていれば追いかけてくる。

でも今や、風通しの悪い第一と第二の場所とは違う、ホッとできる楽しいスペースをみんなで協力してつくろうという政治を考える準備ができつつあるのだ。教室からエスケープしたって、呼吸し、生きていくための努力は、君たちの政治なのだから、違うステージで選んで、決めて、工夫して、説得して仲間をつくればいい。

政治は特別なことじゃない。
楽しく生きるための工夫だ。
工夫をする時には、ちょっとばかり筋肉を使う。
そして、時には筋肉痛も起こる。
しかし、治った時には分厚い筋肉になっている。
身体も心も。
それは、ずーっと後になって気づけばいい。
今の時点でも、君たちはもうずいぶんといろいろなことができているのだから。

おわりに

大人はなかなか変わりにくい

メディアでも、ＳＮＳでも、政治や民主主義の取り扱いは冷たい。政治家や官僚やジャーナリストは、気に入らないと思われると、匿名の安全地帯から本当にヒドいことを言われる。彼・彼女らだって人間だから、それではときどき心が折れるような気持ちになるだろう。たまに僕に愚痴をこぼす政治家の友人もいる。そして、まずもってこの国の一八歳以上の人たちは、半分しか選挙に行かない。知事選挙や市町村の首長の選挙になると、最近は三〇％台という冷たさだ。

政治に関わる人たちの中には、（君たちが思うほど数は多くないが）本当にありえないことをやらかしたり考えたりする人がいるから、ボロクソに言われたり、失礼なことを言われたり、今晩のおかずの関心以下しか気にしてもらえなかったりすることになっても、それは仕方がないのかもしれない。

この国に住む一億二〇〇〇万人の生活と人生に大きな影響を与える決め事をする立場の人たちは、厳しく批判されたり、ツッコミをくらったりするのも当たり前だという理屈もある。君たちに「ウクライナを守るために銃を持ってプーチンと戦いなさい」と命令できる法律をつくることもできるのだから、そういう人たちにあまり甘い顔をしていてはいけないというのが、民主政治の正しい警戒心だ。

でもそういう、楽しいことばかりじゃないけど放置しちゃマズい民主政治の最初の入口がきちんと伝わらないと、僕たちは、じつはゼロ出発じゃないし、普通にいろんな可能性を含んでいる、というところまで上手に到達できない。みんなちょっと今の政治にゲンナリしていて、その空気が蔓延《まんえん》している気もする。よくないな、そういうの。そう思っている。

そんな荒れた低気圧の下に政治が置かれているような昨今、どうして君たち若い層向けにこんな本を書こうと思ったのか？　理由はシンプルだ。

すっかりすれからしてしまった大人が考えをあらためたり、知的成長をしたりする可能性よりも、君たち若者のほうが圧倒的に世界を救う可能性と柔軟性を秘めていると、僕がかたく信じているからだ。

自分がおじさんになるとわかるのだが、人間はなかなか変わらない。変われない。とくに政治に関する考え方は、本当に変わらないのだ。自分があるていどの時間をかけて固めてきた考え方を揺さぶり、一度バラバラにしてみたり、「もしかしたら確かな理由のない思い込みだったかもしれない」と疑ってみたりして、もう一度組み立てなおすには、勇気も必要だし、キツい。なぜならば、**体力が落ちているからだ**。体力が落ちると自然に気力も落ちる。とくに五〇歳後半になると劇的に落ちる。

二〇代のころ、時計の針が止まったかのような年長者の変わらなさ加減に怒っていたし軽蔑していた。「古い船をいま動かせるのは古い水夫じゃないだろう」という吉田拓郎の歌が心にいつも鳴っていた。あの人たちが退場すれば世界は変わるのに、と思っていたのだ。

でも、自分がおじさんになって、やっとわかった。変わるためには、幸福なきっかけ（人生観を根底から変える衝撃的な出来事にぶつかるとか）と目の覚めるような優れた言葉に出会うだけではなく、常に「そうじゃないかもしれないではないか？」と疑い続けるための体力が必要なのだと。

だから今、あのころのおじさんたち、おばさんたちの気持ちが少しわかる。そして、思う。疲れますよね、いろいろと、なんて。

でもやはり、そう言う自分は本当にはどうなのかと言えば、「自分の中から失われていくもの、そういうふうな流れに抵抗し続けていく」と決めている。山田太一という脚本家が「それが生きるということですよ」と僕に教えてくれたからだ。

そしてその抵抗こそが、この本を書くことだった。

「令和のティーンズに政治や民主主義など伝えようがないではないか」と諦め、もう少し若くて、もう少し君たちに年齢が近い人たちを信頼して任せて、あまりトンチンカンなことになった時だけ、「そいつぁ、少々話が違うんじゃないですかい？」くらいのことを、ニヤニヤしながら言ってれば、そんなにウザがられないおじさんとして生きていけると思っていた時もあった。

でも、若い人というのは本当に居るだけでこちらにエネルギーを与えてくれるもので、大学で付き合っている若者、ついこの間までティーンズだった人たちのおかげで、会社で働く、かなりすり切れてしまったおじさん、おばさんよりも、僕はちょっとだけ諦めが悪くなっているかもしれない。だから、そういう自分がこの仕事をするべきだと思ったのだ。

こんな世の中にしてしまった

こんなに長々とメッセージを書いた理由はもう一つある。

僕が大学生の頃、当時の中学生たち（四つ五つ年下の人たち）のいる学校が荒れていて、公立中学校のガラスなんてみんな割れてしまって、『3年B組金八先生』だとか、そういうドラマも生まれて、子供を鍛えるためにと親が「戸塚ヨットスクール」なんていうハラスメント塾に子供を放り込んで、教育をめぐる世界はギスギスしていた。軍隊を経験した人たちがまだ元気な中年だったからだ。

そして、その頃から「子供が自分から人生にグッバイする」ようなことが起こるようになった。今を生きる君たちには信じられないかもしれないが、僕が大学生の頃は、教育学者たちも先生たちも、「子供は自殺しないのだ」という前提で子供の教育を見守り、考えていた。だから、一九八〇年代になって、小学生が自決グッバイしたなんていう報道があると、大人たちはみんな衝撃を受けて、「子供が自分から死ぬはずがないだろう?」と、頭の中が真っ白になったのだ。でも今、あれから四〇年近く経って、毎年未成年たちが一年に大学の大教室一杯くらいの数、人生をグッバイしてしまう世の中だ。

そういう世の中にしてしまったことに、大人として本当に責任を感じている。

人生の後半になって子供が産まれたことで、このことは本当に胸に刺さるようになった。君たちは僕たちより早くグッバイしてはいかんのだ。

子供は、すべての子供は、安全に、安心して、学びにひたる権利を持っている。そして、そのための条件を用意してあげるのは、すべての大人のするべきことなのに、僕たち大人はそれを十分にしてあげられず、つい先日生まれたばかりの人たちが、少なからず自分の行き先を決めてしまっている。

なんという無力な大人なのか、自分は。そう自分を責める気持ちが強い。いったい何のために自分は学問などしてきたのか？　子供がそんなふうに決めてしまう世の中で、何が民主政治だと、自分を呪わざるを得ない。

政治学は教室を放置してきた

でも自分は小中高の教師ではなく、教員とはいえ、相手にしているのは成人した大人たちだ。大人は「大人として扱わねばならない」という鉄則もある。だから､若い大人を相手に、四半世紀以上政治学を通じて、この世の中にメッセージを送り続けてきた。

ところがこの仕事を長く続けて、目の前の学生たちの今ではなく、この学生たちがここに来るまでにたどってきた道すじで起こっていたこと、彼・彼女らが遭遇したこと、勝手に思い込みとともに決めてしまったことの危うさに、もう少し考えを及ばせていなければならなかったと気がついたのだ。

かつてこれは、教育学者や教育社会学の人たちがもっぱら格闘する仕事だと、学問の枠組みからは考えていた。でも、昨今、現場の校長先生だった人たちや、教育学者の優れた若手の人たち、大切な問題と向き合ってきた社会学の研究者のみなさんのメッセージや問題提起を読んで、こう思ったのだ。

これは、そもそも政治学者が向かい合うべき問題じゃないか。

政治学者はいったい何をしてきたのか？

それでも自分は「政治は永田町や霞ヶ関でやっているものだけじゃないですよ」とこれまでも言ってきた（『ええ、政治ですが、それが何か？』明石書店）から、政治や民主主義を考える入口については、案内係をしてきたつもりだった。それがたくさんの政治学者のなかでも僕の役割だと思ったからだ。

でも、大学に来る「以前」の学校で起こっていることは、ぜんぶ教育学や教育社会学の人たちにお任せしてきたのだ。そこでは、まちがいなく「政治的なるもの」が起こっていたし、うごめいているし、一八歳はそれで政治を考える心のクセを身につけてきていたのに！

そして、大学を出てこの世の中で働く人になった後も、中高生の時に感じたこと、ハートに刻みつけたこと、そういうことが何らかの形で大人の気持ちや考え方に影響を与えてしまったはずだということを、僕は少し軽く見すぎてきたのではないかと思ったのだ。

軽く見すぎてしまった以上、そこに向かい合う時には、軽々しい態度でいてはならない。だから、何が何でも伝わるものを、親切に、丁寧に、それでいて大学生が教室で学ぶ政治学なみの、いっさい水準を落とさない本にしなければと、うめきながら書いた。

それがいくらかでも伝われば、勝手に「どうせダメっすから」とか、「こうなってるのも自己責任なんで」とか、「ここじゃ呼吸ができないよ、グッバイ」とか、そういうふうに決めつける若者が少しでも減るのではないかと思ったのだ。

そのメッセージは、「はじめに」ではっきりと書いたように、君たちに成功と栄光と優等生人生を提供するためのものではない。勝手に決めないで、一息つける、呼吸を整えることのできるサード・プレイスを探しながら、何としてでも生きのびてほしい、サバイブしてほしいという気持ちを、政治と民主主義の説明を通じてカタチにしたものだ。

僕たちもかつては君たちだった

この長ったらしい本を読んで、みんながそれぞれのステージで、手ぶらではなく、ちょっとした計画と作戦と技法を使って、自分なりにできる範囲で工夫をして政治をやっていけたら、この世の中へ自分からグッバイすることを思いとどまることもあるかもしれない。君たちよりも、ものすごく早く死ぬ人間として、そういう願うような気持ちがある。

もちろん、これまで同様これからも、僕以外のおじさんやおばさんたちにも、こんな世の中を君たちに残しているという後悔をもって、自分を責める人たちもたくさんいるから、そういう人たちと協力して、自分ファーストを抱きしめて、セカンド・チャンスを準備できる、そのためのサード・プレイスをつくり続けるつもりだ。

君たちから見れば、僕たち以上の世代には、ちょっと長めに生きているだけなのに、今を生きる若者の心を一秒でクローズさせるようなことを言ったり、退屈な昔話を語りまくったりというクセが治らない人たちも多い。

でも、みんな君たちと同じように「学ぶことや友だちと楽しくやることは嫌いじゃなかったが、どうにもあのクラス、学級が息苦しかったなぁ」と振り返る人もいるから、みんなその意味では共通の体験をもっているはずなのだ。

僕たちおじさん、おばさんたちだって、今も昔も、適当に真面目だがさほど立派な人じゃない、普通の人たちなのだ。ニッポン人が、たかだか五〇年やそこらで宇宙の惑星を移動するように変わるはずはないからだ。

だから、この本は誰もまだトライしたことがない本で、君たちにメッセージを送るという壮大なチャレンジであると同時に、「あのとき」、「そのとき」中高生だった人たちが、硬くなった筋肉をほぐし、長く放っておいた心のカサブタをなでて、本当はずっとモヤモヤしてきたことを何十年かぶりに思い出して、ずっと開けずにいた心の引き出しをひっぱって、「やっぱりあれは自分の思い込みだったんだ」と、そんな発見をしてほしいとも思っている。僕は欲張りなのだ。

昭和に生まれようと、平成に登場しようと、令和をダンスしようと、

「立派な人にならなければいけない」と縛られ、
「友だちがいないのは自分が悪い」と不安を抱え、
「自分をもっとちゃんと肯定しよう」と思えず、
「ぼんやりと人の言うことを聞く」ことを繰り返し、
「高校生らしい生活」なんて言われて白けて、
「みんなで決めた」のにそんな気にもなれずに、
「どうして話し合い続ける」のかもよくわからず、
「民主主義は多数決だ」と思い込んで、
「言えないし、聞けないし、書けない」と引きこもって、
「意見の対立や批判」を怖がって、怯えて、喧嘩して、
「リーダーだから上の人」と勘違いして、
「苦労を分かち合うことが平等」と狭くして、

「ボランティアとは一人一役だ」と善意で押し付け、
「偏見の実感がないから」と高を括《くく》って、
「無理強いされている自分を自己責任」と下げて、
「何回負けてもやり直せる民主主義」に気づかず、
「もういろいろできていること」に想いが及ばず、
「無理して学校や会社に命をかけて」行って壊れかけて、

でもついに、「自分で賢く決めて、上手くいかないことを受け入れて、オレ・ワタシのやったことを人のせいにはできないからと腹を括《くく》る」ところまで到達できるのだ。
それを主権者と呼ぶなら呼べばいい。

そういう意味で、中高生も中高年も区別がないのだ。

少し違うのは、中高生たちには圧倒的な体力があることと、Facebookはやらないがインスタと TikTokはやること、リアルタイムを「リアタイ」と略し、父親からの「お風呂わかしといて」というLINEに「りょ」とだけリプを入れることくらいだ。倹約家でよろしい。

僕と君たちは、立派な人になるためではなく、楽しく暮らすために生きているし、生きていきたいと思っている。そのためには政治と民主主義が必要だ。

教授と生徒だが、僕と君たちは、弱っちくて、スモールハートがすぐ折れて、言い訳がましくて、怠け者で、自己チューで、おっちょこちょいで、バカげたことが大好きで、さほど捨てたもんじゃない。そして、いつか必ず死ぬ。

ここまで読んでくれて、本当にありがとう。

すっかりテレビ放送がなくなってしまって、ベースボールのルールもわからない中高生が爆誕だが、もしきっかけがあって面白いなと思ったら、ぜひとも広島カープというチームの応援をしてくれ。

これまた、人生の修行ができるからね。

謝辞

我が子の小学校のＰＴＡ会長を終えて、ともに過ごした友人たちの姿を振り返り、たどり着いたところには、「もう学校を出たのに、まだ学校的なるものに呪縛されている人たち」の風景がありました。

その風景の切なさは、大人としての自分の過去をも含めた「ティーンズ世界の諸条件の再考」という視角を、自ずと僕にもたらしました。

そんな時、かつてのティーンズとして、そして今は保護者として日々を懸命に生きる晶文社の葛生知栄さんから、新しい本を作りましょうというお話をいただく僥倖を得ました。以後、なおも学校にかかわる者、そして成績より「学び」を手放したくないと思う同志として、便利だが息苦しいこの社会にいる若者に「メッセージよ、届け！」と一緒に格闘しました。おかげさまで、書く者、編む者、そして「祈る者」という二人の属性が重なり合って、本書の誕生となりました。

同じ課題に異なる役割で向かい合い、ともになんとか仕事を終えたという幸福感は、葛生さんなしには得られなかったと思います。

本当にありがとうございました。
ティーンズたちを見守る人生が続いても終わっても、学びを手放さない大人のままでいましょうね。

かつてティーンズの私を見守ってくれた母の逝った晩春に
岡田 憲治

岡田憲治

OKADA KENJI

政治学者、専修大学法学部教授。1962年、東京生まれ。著書に『政治学者、PTA会長になる』(毎日新聞出版)、『なぜリベラルは敗け続けるのか』(集英社インターナショナル)、共著に『転換期を生きるきみたちへ』(内田樹編、晶文社) など多数。愛称オカケン。広島カープをこよなく愛する2児の父。

犀の教室
Liberal Arts Lab

教室《きょうしつ》を生《い》きのびる
政治学《せいじがく》

2023年4月30日　初版

著者　岡田憲治

発行者　株式会社晶文社
101-0051　東京都千代田区神田神保町1-11
電話：03-3518-4940（代表）・4942（編集）
URL：http://www.shobunsha.co.jp

印刷・製本　中央精版印刷株式会社

ISBN978-4-7949-7359-7 Printed in Japan
JASRAC 出 2302282-301